居住
改变中国

中指研究院 著

中国商业出版社

图书在版编目（CIP）数据

居住改变中国 / 中指研究院著. -- 北京：中国商业出版社，2022.12
ISBN 978-7-5208-2390-6

Ⅰ.①居… Ⅱ.①中… Ⅲ.①房地产业—产业发展—研究—中国 Ⅳ.①F299.233

中国版本图书馆CIP数据核字（2022）第244240号

责任编辑：吴 倩

中国商业出版社出版发行
（www.zgsycb.com 100053 北京广安门内报国寺1号）
总编室：010-63180647 编辑室：010-83128926
发行部：010-83120835/8286
新华书店经销
北京市密东印刷有限公司印刷

*

710毫米×1000毫米 16开 14.5印张 220千字
2022年12月第1版 2022年12月第1次印刷
定价：96.00元

****

（如有印装质量问题可更换）

编委会名单

主　编　莫天全　黄　瑜
副主编　古　超　刘　水　牛晓娟

编辑部

刘　水	牛晓娟	古　超	陶淑茹	王　琳	陈兴邦	杨　骁
蔡佳良	李文哲	彭　雨	张　曼	徐寅飞	杨　帆	刘　瑜
汪　勇	张化学	丁　晓	赵玉国	薛建行	胡佳娜	樊鹏飞
李汶沄	程　宇	李　宁	黄　雪	高院生	梁波涛	石　蕊
袁彬彬	杨红侠	高小妹	薛　晴	唐　爽	唐　懿	朱丽芳
朱柏润	李　嵩	殷海军	杨晓徽	王　彬	黄国锋	师学武
汤莲梅	王正涛	黄　艳	薛　玲			

序　言

随着我国经济的快速增长，房地产行业作为支柱产业和城镇化提升的重要引擎也实现了快速的发展。国内生产总值从1980年的4587.6亿元增长到2021年的114.4万亿元，经济规模扩大了249倍，尤其是从2006年开始经济总量以每两年10万亿元的增量上升，先后于2008年超越德国，2010年超越日本，稳居世界第二大经济体[①]。在国民经济高速增长的带动下，房地产行业也辉煌地走过了数十载的光阴。房地产开发投资额、商品房销售额增长近百倍，房屋施工面积、房屋竣工面积、商品房销售面积增幅也超十倍。

随着人民群众文化水平的不断提高，对居住环境改善的需求也日益增长，而住房作为人民生活的重要空间载体，承载着人们对美好生活的追求。中国城镇人均居住面积稳步增长，居住需求已经从简单的"有没有"向"优不优"，从"住有所居"向"住有宜居"，从解决住房短缺向追求品质的阶段转变。

中指研究院凭借多年来对房地产行业的深入研究，为了让读者更全面地了解中国房地产行业的发展，撰写《居住改变中国》一书，用文字和数据描绘了房地产行业的发展和居住环境的变化脉络及前沿图景，旨在为行业品质人居的持续升级和更新迭代提供借鉴。本书包括五章。第一章介绍了中国房地产行业的发展变化，并详细阐述了房地产的发展给经济、城市面貌、人们居住所带来的变化。第二章回顾了改革开放以后第一个商品房小区的诞生、土地出让第一拍以及住房制度的改革等重要发展历程，带动房地产行业走向市场化。第三章梳理了城镇化进程加速推进和房地产的蓬勃发展相辅相成，

---

① 陈佳贵、李扬等：《2012年中国经济形势分析与预测》，社会科学文献出版社2011年版。

房地产开发作为城镇化的重要推动者，为加快城镇化进程做出了贡献，新型城镇化的不断推进也为房地产的发展提供了较大的空间。房地产与城市共生共荣，城市的生长成就了房地产，房地产的发展也让城市更加美丽。第四章论述了房地产企业潜心研究人们居住需求，与时俱进，不断提升产品和服务，致力于满足居民对美好生活的追求。第五章展望房地产未来发展趋势，分析行业空间及发展方向，助力实现未来居住中国梦。

1980年，国务院提出"准许私人建房、私人买房，准许私人拥有自己的住房"，正式允许住房商品化，拉开住房改革序幕；1987年，深圳为筹集资金开发特区，拍出了新中国第一幅土地；1998年，取消福利分房，住宅商品化时代开启；再到2004年"831"土限、国八条、国六条、房地产信贷管理等政策，开启了第一轮住房调控；2016年提出坚持"房住不炒"的定位。随着我国住房制度改革的不断推进，长效机制的逐步建立有助于推动房地产行业更加平稳健康地发展。换一个角度，长效机制的建立也直接关系到人民群众的切身利益，意味着房子更多地回归生活本质，人民群众对有形的产品和无形的服务都有了更高的要求。回顾过往，房地产企业从最初的着重打造明星项目，到明晰产品线、快速复制标准化产品，再到着重完善硬件以外的物业、养老、娱乐休闲等，致力于能够真正提升居民居住体验。

与此同时，物业服务是顺应房地产综合开发的发展而派生出来的产物，是房地产开发的延续和完善。物业管理行业已走过四十个春秋，行业从无到有，从无序到规范，从粗放到精益，发生了巨变。截至2022年10月，全国物业管理规模达356.9亿平方米，全国物业管理营业收入在6000亿元以上，物业服务企业数量超过22.3万家，整个行业从业人员逾1000万人[①]。回顾过往，1981年3月，中国第一家物业管理公司——深圳市物业管理公司诞生，自此开启了我国物业管理行业初期发展阶段；此后，专业物业管理公司如雨后春笋般相继成立。物业服务业态从最初的涉外住宅发展至今，已涵盖普通住宅、

[①]《经济日报》，2022年11月7日。

保障房、高端公寓、别墅、写字楼、商业中心、产业园区、医院、学校、公众场馆等几乎所有物业类型，服务内容也从最基本的"四保"（保安、保洁、保绿和保修），不断丰富完善，形成了基本服务与有偿服务相结合的层次丰富且各具特色的服务体系，消费者从最基本的需求到高层次的资产管理需求都不断得到满足。

展望未来，房地产产品和服务的发展都是无止境的，住房需求向更高阶的迭代也是无止境的，随着生活、科技、服务等方面逐步实现一体化发展，产品和服务也将持续迭代升级，以满足人们对美好生活的追求。坚守初心，方得始终，对于房地产企业而言，需要深入践行"以人为本"理念，坚守匠人之心，持续为居民生活构建美好场景，缔造美好生活中国梦。

中指研究院院长
莫天全

目 录

第一章
居住改变中国，谱写辉煌篇章
001

第一节	支柱行业地位稳固，与经济共发展	003
第二节	紧跟城镇化脚步，与城镇共成长	009
第三节	提高生活质量，与时代同进步	013
第四节	发展波澜壮阔，与社会共生共荣	017

第二章
住房制度改革，城市焕发新的生机
023

第一节	第一个商品房小区，在深圳诞生	025
第二节	敲响中国第一拍，土拍规则发生重大调整	036
第三节	取消福利分房，全面开启住宅商品化时代	045

第三章
城镇化进程加速，城市发展阔步向前
073

第一节	大规模城乡人居迁徙，居民变市民	075
第二节	住房条件明显改善，"蜗居"到"住有所居"	092
第三节	加强城市建设，小城镇变大城市	122

第四章
从有住房到住好房，筑造美好人居环境
137

第一节	户型百花齐放，打造优居生活空间	139
第二节	服务跃升蝶变，赋能智慧生活方式	152
第三节	完善城市功能，构筑宜居生活环境	185

第五章
畅想居住梦，实现中国梦
201

第一节	绿色生态，助力健康人居生活	203
第二节	科技赋能，迎接智慧社区新时代	208
第三节	突破限制，缔造美好中国梦	210

第一章

居住改变中国，谱写辉煌篇章

长期以来,房地产行业作为国民经济的重要支柱产业,对我国经济发展起到了重要的推动作用,对加快我国城镇化进程作出了巨大贡献,极大地改善了人们的居住环境,显著提升了城市容貌以及购物、休闲、旅游等生活配套水平。同时,跟随全国经济发展步伐,提供适合时代的产品,真正将"居住改变生活"和"创造美好生活"变成现实。

第一节 支柱行业地位稳固,与经济共发展

中国房地产行业是伴随着改革开放,特别是市场经济的发展而逐步发展起来的,整个房地产行业的发展与国民经济、民生福祉以及地方经济增长有着极为密切的联系。从早期成为独立行业,到成为国民经济的支柱产业,房地产行业对我国经济发展起到了重要的推动作用。与此同时,我国经济已由高速增长阶段转向高质量发展阶段,正处在转变发展模式、优化经济结构、转换增长动力的攻坚期,在此背景下,"房住不炒"成为新时代房地产行业发展的总基调和指南针。

1980—2021年,我国国内生产总值从4587.6亿元增长到114.4万亿元;2017年,我国国内生产总值按不变价计算比1978年增长33.5倍,年均增长9.5%,平均每8年翻一番;经济总量先后于2007年超越德国,2010年超越日本,目前稳居世界第二大经济体;2015年以来,尽管相比之前国内生产总值增速有所放缓,但中国经济仍然是推动世界经济增长的重要动力。2017年,我国国内生产总值折合12.3万亿美元,占世界经济总量的15%左右,比1978年提高13个百分点左右。近年来,我国对世界经济增长的贡

献率超过30%。见图1-1。党的二十大报告指出，我国经济已由高速增长阶段转向高质量发展阶段，正处在转变发展方式、优化经济结构、转换增长动力的攻关期，加快构建以国内大循环为主体、国内国际双循环相互促进的新发展格局是我国经济发展新动向、新机遇。

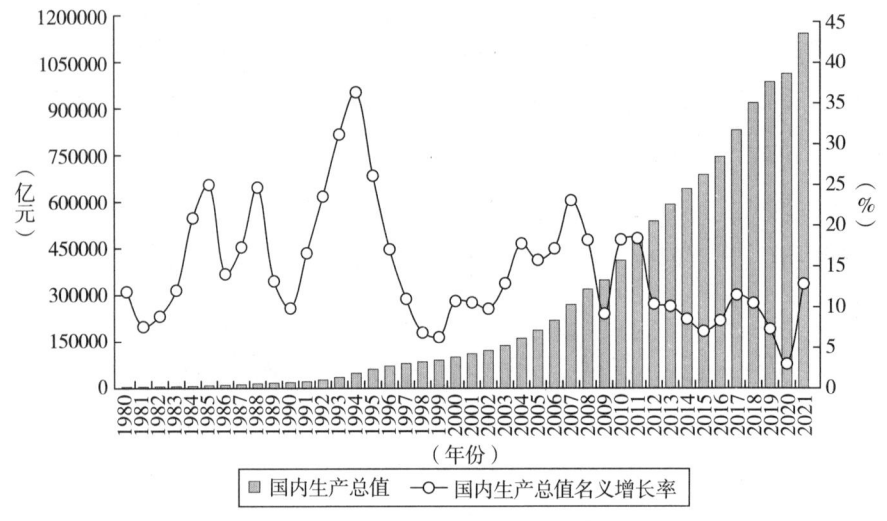

图1-1　1980—2021年国内生产总值及其名义增长率

资料来源：国家统计局。

作为国民经济的重要支柱产业，房地产行业对我国经济发展的直接贡献巨大。四十年来，我国房地产行业不断发展壮大，成为经济增长的重要推动力，房地产行业增加值占GDP比重保持稳步增长态势，房地产行业对我国经济发展的贡献占比逐年增长。房地产行业增加值从1980年的96.2亿元增长至2021年的77560.8亿元，对GDP的贡献从2.1%增长到6.8%。见图1-2。

近几十年，中国房地产开发投资额持续增长。中国房地产开发投资额自1987年的149.9亿元增长至2021年的147602.1亿元，年复合增长率为22.5%。1987—2010年，我国房地产开发投资年均增速达28.5%，房地产行业发展迅速。此后，房地产行业结束了长达二十余年的高速增长，伴随着房地产调控

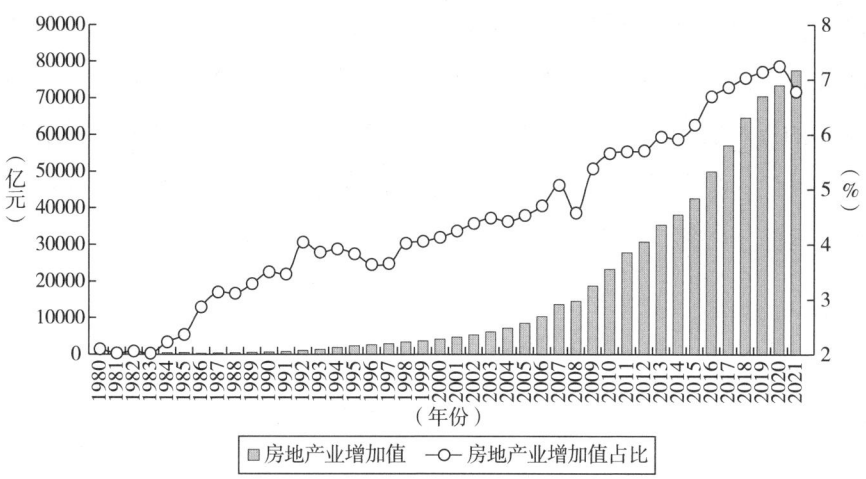

图 1-2　1980—2021 年房地产业增加值及其占 GDP 比重

资料来源：国家统计局。

政策的持续以及市场更趋成熟，2011—2021 年，房地产开发投资年均增速达 9.1%，与 GDP 增速趋同。见图 1-3。

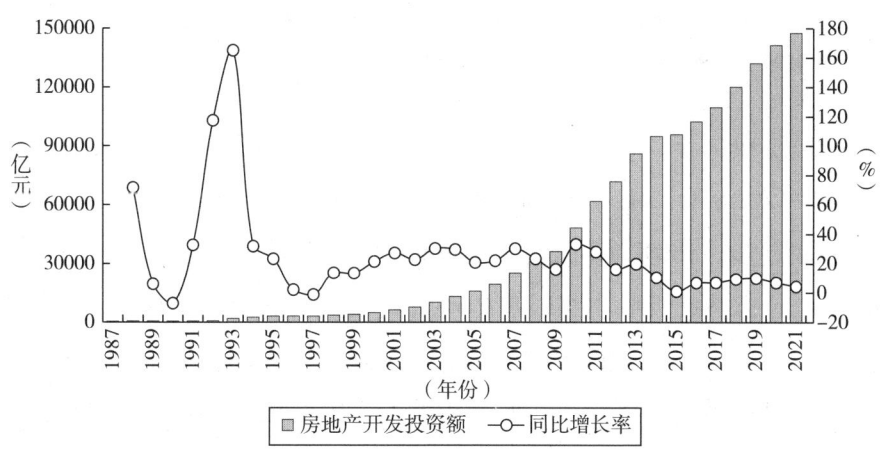

图 1-3　1987—2021 年全国房地产开发投资额及其同比增长率

资料来源：国家统计局、中指数据 CREIS。

近几十年，中国房地产开发企业施工房屋面积稳步增长，自 1994 年的 34371 万平方米增至 2021 年的 975387 万平方米，年复合增长率为 13.2%。分阶段来看，1995—1997年，施工面积呈快速下降趋势，1997年施工面积同比下降4.3%；1998—2010年，施工面积呈稳步增长趋势，2010年施工面积已是1998年的近八倍；2011—2021年，施工面积增速呈现出下降态势。伴随着住房短缺时代的基本结束，预计未来房地产开发企业施工房屋面积增速仍维持在低位运行。见图1-4。

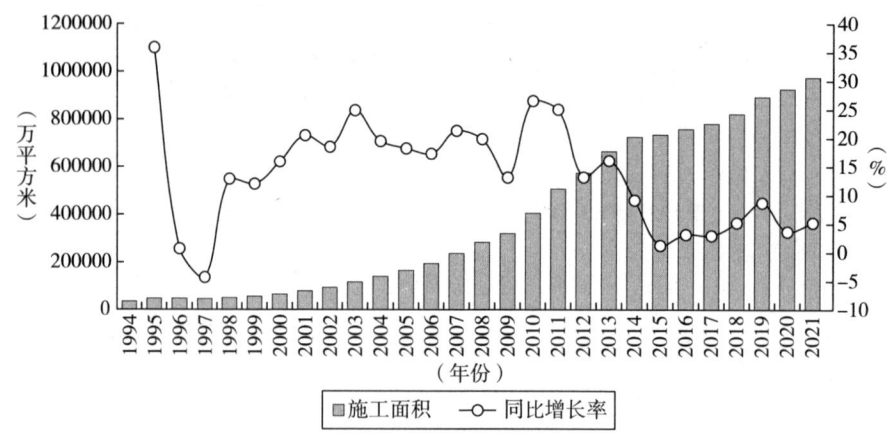

图1-4　1994—2021年房地产开发企业施工房屋面积及其同比增长率
资料来源：国家统计局。

1994—2014年，中国房地产开发企业竣工房屋面积增长了8.2倍。其中1994—2006年，竣工面积同比增速波动较大，主要由于当时房地产市场刚刚起步，市场尚不成熟；2006—2011年，竣工面积同比增速呈现稳步增长态势，反映出当时房地产市场快速发展且日趋成熟；2011—2020年，房屋竣工面积同比增速呈稳步下降态势；2021年有所回升，整体上市场更趋理性。房地产开发企业竣工房屋面积自1994年的11637万平方米增至2021年的101412万平方米，增长了7.7倍，年复合增长率为8.3%。见图1-5。

近几十年来，中国房地产市场历经多轮调控，仍实现了持续稳定的增长。1987—2021年，全国商品房销售额从110.1亿元扩大至18.2万亿元，增长了1575倍；销售面积从2697万平方米增长到17.9亿平方米，增长了65倍。除

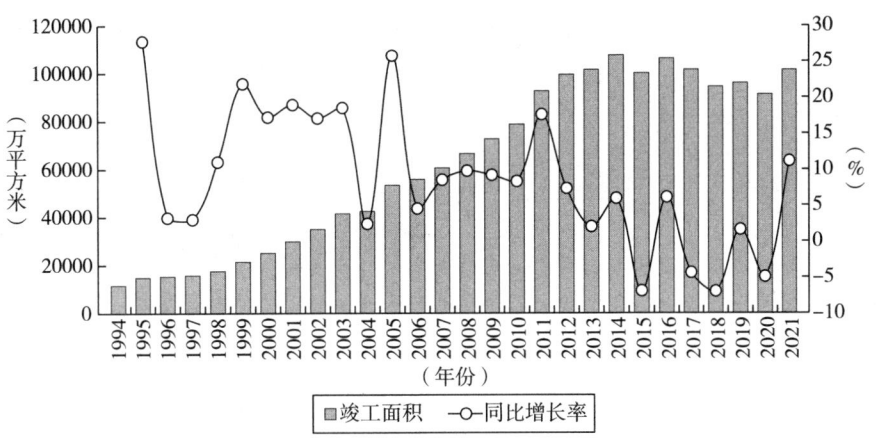

图 1-5　1994—2021 年房地产开发企业竣工房屋面积及其同比增长率

资料来源：国家统计局。

2008 年和 2014 年外，全国商品房销售额同比均呈现增长；除 1989 年、1996 年、2008 年和 2014 年外，全国商品房销售面积同比均呈增长态势。见图 1-6。

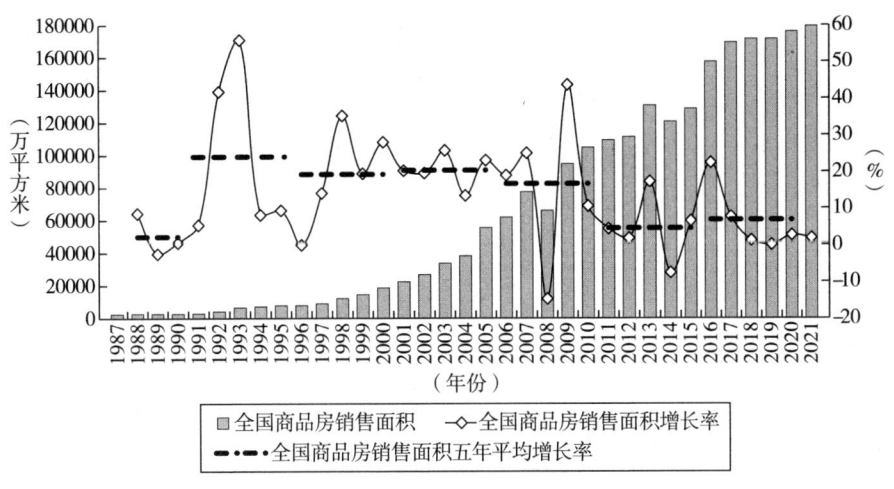

图 1-6　1987—2021 年全国商品房销售面积变化情况

资料来源：国家统计局。

从全国商品房销售面积五年平均增长率来看，整体呈现出类似正态分布曲线的走势。1988—1992 年，全国商品房销售面积平均增长率为 10.8%，该时期福利分房与商品房并行,房地产市场发展较慢;1993—1997年,全国商品房销售面积平均增长率为17.5%,商品房逐步被人们所接受,房地产市场迎来了较快发展;1998—2002年,全国商品房销售面积平均增长率为24.5%,房地产市场发展空间刚刚打开,各项利好因素开始显现,房地产行业规模逐渐扩大;2003—2007年,多项房地产调控政策出台,稳定房地产市场,销售面积平均增速回落至18.0%;2008—2012年及2013—2017年,销售面积平均增速持续回落,调控政策持续,五年平均增速分别为9.1%和9.3%;2018—2021年,在"房住不炒"等政策背景下,全国商品房销售面积更加稳定,五年平均增速回落至2.0%。

房地产行业与国民经济的许多行业都有着密切的关系。房地产产业链长、关联度大,能直接或间接促进多个上下游产业的发展,对经济增长的带动作用举足轻重。房地产开发链条包含拿地、融资、设计、施工、销售和运营等多个环节,涉及政府、金融机构、设计公司、建筑公司、监理机构等多个相关方,直接增加财政收入并带动金融行业、建筑行业、规划设计等第二、第三产业的发展,并间接增加建材、装修、家居、家电等行业的需求。

与此同时,房地产业与金融业也有密切联系。房地产业的投资额度大、资金周转期长,房地产业的发展需要依靠金融业的大力支持,房地产业的景气会带动金融业的兴旺。另外,房地产业的发展也能促使一些新行业的产生,如物业管理、房地产评估、房地产中介等。见图1-7。

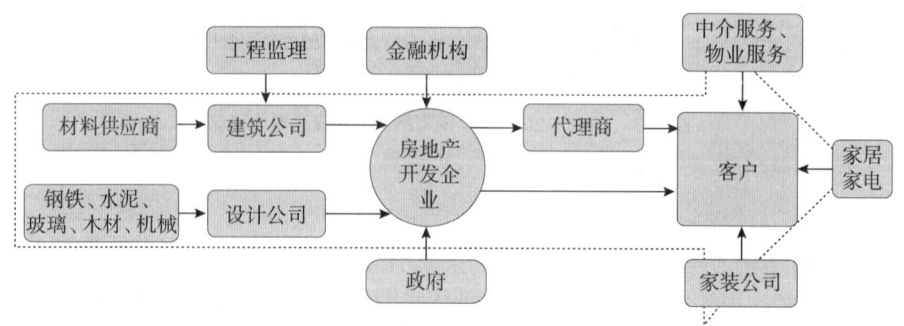

图1-7 房地产行业对上下游产业链的带动

第二节　紧跟城镇化脚步，与城镇共成长

多年来，人们的居住条件得到了较大程度的改善，这是中国经济腾飞的结果，也是房地产行业不断深化改革的过程。在中国城镇化进程中，房地产行业扮演了重要角色，特别是房改后，中国房地产行业逐渐转向市场化并迈向快速发展的通道。房地产行业的快速发展为城市建设起到了筹集资金的作用，增加了城市财政收入，使得政府可以投入更多资金用于基础设施建设领域，城市面貌因此发生巨大变化。此外，与房地产开发息息相关的建筑业的产值规模也在屡创新高，逐渐成为国民经济的支柱产业。建筑业的成就惠及社会的多个方面，为保障民生、改善居民生活发挥了重要作用。

房地产开发是城镇经济发展的重要先导因素。城镇开展生产和经营活动离不开土地。作为重要的生产资料，土地是建设生产车间、商铺、办公用楼的基础。同时，土地也是城镇发展所需的公共基础设施和市政设施的重要资源。未被开发的自然土地无法满足城镇的经济发展需求，需要对土地进行整理开发，才能实现资源的有效转化，更高效地服务生产和经济活动，因此对土地整理开发也是房地产企业的主要职能。多年的发展历程证明，房地产企业开发能力越强，土地的整理开发速度越快，从而可以更好地推动城市经济发展，提升城市土地利用的合理性。

房地产开发推动城镇产业结构的合理建立。房地产开发本身能够带来自身上下游产业链相关的产业，如建材行业、机械行业和电力行业，无形中也吸引了更多其他的行业参与到城镇建设中来，如餐饮行业、文娱行业等，进而推动了多个基础行业的良好发展，促进了城镇中产业结构的合理建立。

房地产开发推动城镇消费结构的合理建立。城镇中居民的消费结构，一定程度上可以体现这个城镇的经济结构和发展水平；反之，城镇的经济结构和发展水平也会影响居民的消费结构。城镇居民家庭消费种类可分为八大类，分别是食品、衣着、家庭设备用品及维修服务、医疗保健、交通通信、文娱

教育及服务、居住、其他商品和服务。其中，居住与食品这两项基本性消费长期稳定地贡献着较高比例，如果能够对这两种消费进行保障，那么随之而来的其余六项消费也能够得到有效控制。因此，想要确保城镇居民消费结构的合理性，就要确保住宅与食品消费比例的合理，并保证稳定发展趋势。

房地产开发增加城镇收入并改善基础设施建设。我国城镇基础设施建设资金来源均是国家或者当地政府，且这种投资无法循环和周转，不具有收益性。因此，这种基础设施建设不是根据需求来进行，而是根据所在城镇的财政情况开展，这导致城镇财政状况和基础设施实际需求之间的矛盾，财政预算不足的地区可能无法满足基础设施的实际需求。房地产开发的出现能有效解决这种矛盾，土地出让金可以充沛城镇的财政资金，从而改善当地的基础设施建设。

房地产开发有利于城镇用地结构的合理建立。城镇在土地规划应用上通常会受到多种因素影响，如产业结构、居民结构、城市类型等，而房地产开发也会直接影响到各产业、部门、企业住宅的空间布局和结构。想要确保土地得到有效的开发利用，满足各用地方的需求，政府需要建立合理的用地结构，提升土地应用质量和适用性。

城镇化不仅涉及人口的迁移，还与社会转型、经济发展等诸多关系国计民生的重要社会和经济问题紧密相关，目前还没有哪个国家能够在不提升城镇化水平的前提下步入中等收入或者高收入国家行列。城镇化是我国现代化建设的历史任务，同时也是我国经济增长的支撑和引擎，其水平的高低直接影响到我国经济发展方式的转变路径。近年来，国家一直稳步推进城镇化，其中地产开发对促进城镇化进程发挥了至关重要的作用。

地产开发与城镇化具有相互促进的作用。四十年来，我国经济高速发展，房地产开发商积极参与城市建设，通过建设高标准房屋满足居民各类住房需求，房地产业得到快速发展，推动了城镇化水平的提高。城市人口的增加会导致城市产业结构的变化和发展，进而引起工厂扩建、企业办公、服务行业等对房屋需求的增长，拉动房地产行业的发展。在满足生产性房地产需求外，居民生活方面也蕴藏着大量的房地产开发需求，比如很多非住房消费的商业广场、休闲场所、度假区等,进一步推动房地产行业的发展。房地产开发对城镇化的影响主要可以有两个方面:土地城镇化和人口城镇化。土地城镇化是指农用地转变为城镇用地的过程,而人口城镇化是指农村人口迁移进入城镇成为城市居民的过程。见图1-8。

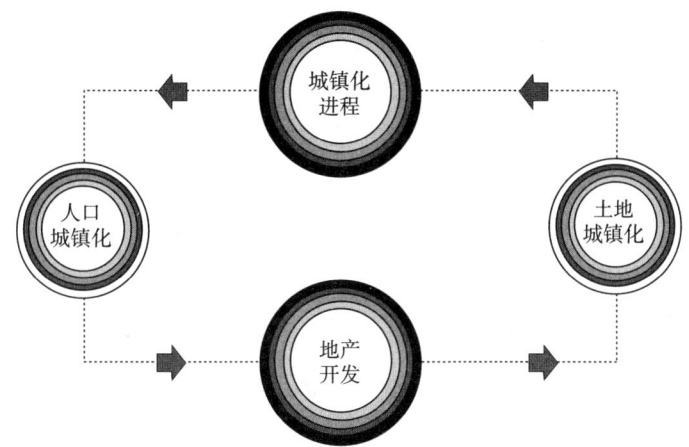

图1-8 地产开发与城镇化的相互作用及关系

一方面,房地产开发企业进行项目开发时,需要购置大量土地资源,助推土地一级开发等过程,推动农用地向城镇用地的转变。同时,受房地产投资乘数效应的刺激和农村人口对城镇住房需求量增加的影响,资本市场对房地产行业的投资热情高涨,地产开发商通过加大对住宅的投资以获得更多利润,这直接导致了市场对土地需求量的增加,从而推动了土地城镇化的发展。从这个角度来说,房地产开发投资额的增加能够同时促进人口城镇化与土地城镇化进程,从而正向影响人口城镇化与土地城镇化的协调度。

另一方面,房地产行业具有产业链条长、带动效果明显等特点,这意味着房地产企业的发展涉及相当数量的上下游产业。其中,上游产业主要向房地产行业提供生产要素,下游产业需要房地产行业的产品或服务,因此房地产行业通过对这些产业产生需求或拉动作用从而推动国民经济发展,特别是城镇经济的增长,这就为农村居民进城就业和产业升级提供了机会。根据国家统计局发布的《2021年农民工监测调查报告》,2021年全国农民工总量近29251万人,其中,从事建筑行业的农民工占比高达19.0%,仅次于制造业,他们是中国城市建设的生力军。

纵观过往的四十年，房地产开发作为城镇化的重要参与者，为加快城镇化进程作出了贡献。未来，房地产开发将持续推动城镇化进程。2021年政府工作报告提出，要推进区域协调发展和新型城镇化，提升新型城镇化质量，有序推进城市更新，稳步推进城市群、都市圈建设，促进大中小城市和小城镇协调发展，房地产开发将助力这一过程。

与房地产开发行业推动城镇化进程同时发生的，还有物业管理行业对业主资产管理和服务的不断完善，保证了城市形象的良好维护和不断提升。物业管理行业从最早借鉴港式和英式的管家式服务，从一个项目、一个地区开始探索，发展到现在各个省市都普遍推行物业服务，业态从最初的住宅小区延展到生活生产的各个领域，已涵盖普通住宅、保障房、高端公寓、别墅、写字楼、商业中心、产业园区、医院、学校、公众场馆等几乎所有物业类型，服务内容也从最基本的"四保"（保安、保洁、保绿和保修）不断丰富完善，形成了基本服务与有偿服务相结合的层次丰富且各具特色的服务体系，满足消费者从最基本的需求到高层次的资产管理的各类需求。

物业管理行业通过创新，加快与资本的对接、与科技的融合，加快向现代服务业转型，力求用高质量服务，为业主的美好生活作出贡献。无论从房屋资产的角度，还是从业主角度，物业服务企业都承担了重要使命，为推动美好家园的建设作出了特殊贡献。见图1–9。

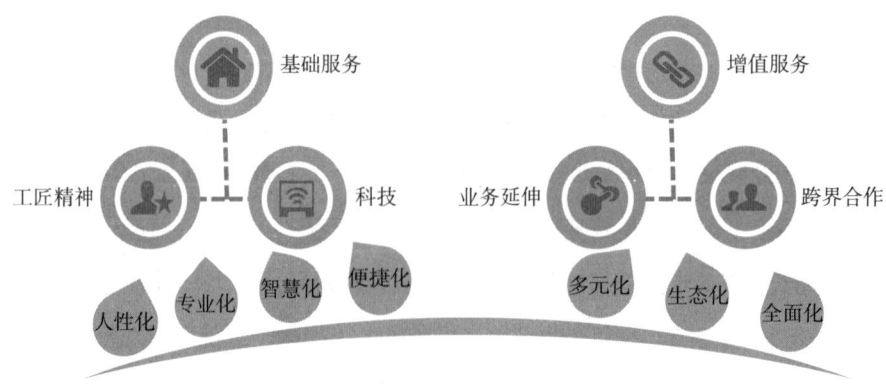

图1–9　美好生活生态圈筑造

第三节 提高生活质量，与时代同进步

人均住房面积是影响社会居住需求的重要因素。一个城市的真实居住需求极限等于这个城市可以容纳的人口乘以这个城市的人均住房面积的上限。从中长期来看，我国人均住房面积呈上升趋势。但从短期来看，人均住房面积上升的趋势已经开始放缓。我国的住房房龄普遍较新，更新改造速度不太可能继续加快。全社会对于住宅的总体居住需求虽然仍在增长，但增速逐渐放缓。

城镇居民人均住房建筑面积稳步增长，年均增长0.9平方米。从2002年到2019年，全国城镇居民人均住房建筑面积从24.5平方米增长到39.8平方米，年均增长0.9平方米。其中，2005年及2007年，全国城镇居民人均住房建筑面积分别增加1.4平方米和1.6平方米，明显高于其他年份。2013年之后，全国城镇居民人均住房建筑面积同比增长率波动范围减小，房地产行业发展更趋稳定、成熟。见图1-10。

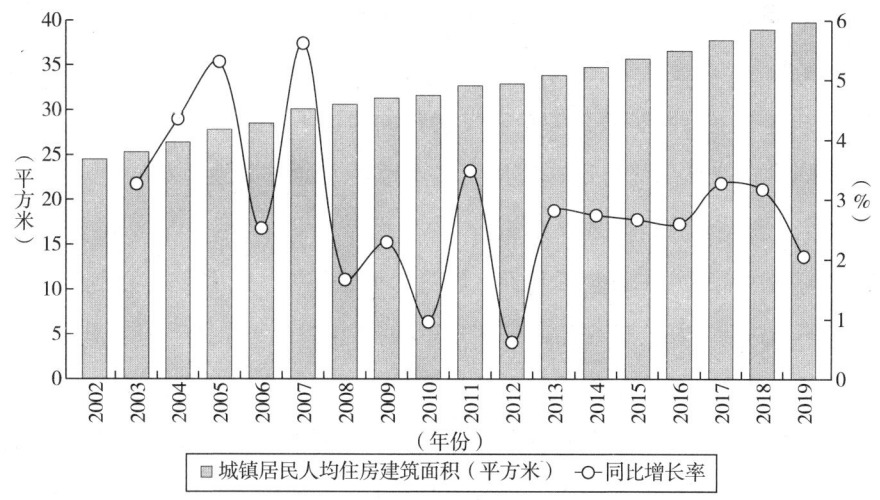

图1-10　2002—2019年城镇居民人均住房建筑面积情况

资料来源：国家统计局。

房地产行业跟随全国经济发展步伐，提供适合时代的产品，真正将"居住改变生活""创造美好生活"变成现实。中国城镇人均居住建筑面积由1978年的6.7平方米到2019年的39.8平方米，四十多年来住房面积实现跨越式发展。其中，房地产行业既是经济发展创造出来的巨大需求和市场的受益者，又是经济发展进程中强有力的推动者，同时也是人民美好生活的建设者和创造者。在此过程中，房地产企业从最初满足基础住房需求转向提升住房品质和改善人居环境：一方面是产品结构的不断演变，从小户型刚需保障型单品住宅，到以中大户型高端产品为主，再到独具特色品质的产品；另一方面是产品功能的不断提升，从最初重点打造明星项目，到明晰产品线，快速复制标准化产品，再到着重完善硬件以外的物业、养老、娱乐休闲等软件设施，真正提升居民居住体验。

房地产行业持续更新产品思维，提升产品功能，以满足居民日益多元化、升级换代的需求，让人民感受到居住改变生活。房地产企业从大盘单品开发到用户思维，完成从"以产品为本"到"以人为本"的蜕变。房地产企业注重明星产品打造，通过保障产品质量、营造优美景观环境等，树立专业产品实力和影响力，满足客户的品质需求。房地产企业在全国范围内打造多个主流"明星盘"，如曾享誉全国的万科四季花城、中海寰宇天下、碧桂园凤凰城等项目，这些主流明星项目为企业发展壮大构建了坚实立足点。而打造系列产品线则将企业产品优势迅速应用到各个市场，通过遍地开花的主流明星项目带动全国住宅产品品质水平的提升。

随着居民消费水平逐步提升，人居观念不断升级，住宅产品功能向"以人为本"不断进化，核心表现为向"客户思维""用户思维"的升级。其中，"客户思维"使住宅产品在居住需求上叠加了物业服务、文旅休闲、健康养老等产业链增值性服务配套，如保利发展推出的全生命周期居住系统，覆盖和悦系全生命周期住宅、社区商业服务、社区物业服务、健康养老、少儿艺术教育五大部分，涵盖了从建筑到居家，从硬件设施到社区服务，从少儿到老年的全生命周期所有需求适应家庭各阶段变化。而"用户思维"利用互联网、物联网、人工智能等新科技手段，融合打造客户、服务、共享等新生活方式下的居住新生态。

居住艺术、生活艺术、园林艺术、空间艺术、人文艺术、服务艺术……生活中，艺术无处不在，源于生活而高于生活。在"链接美好"的时代，房地产行业产品力正在逐渐成为核心价值。房地产最终回归的是寻常生活，其支撑除了我们熟知的品牌、物业、圈层、配套外，最受关注的还是房地产项目的产品品质——产品力。产品力最终的回归始终是人的居住和生活层面，不仅是空间科学利用、功能完备多样，同时将会更多关注产品"健康化、高颜值化、美学化、智能化、性能化、人文化"。房地产行业已发展成为人民"美好生活场景"的全方位构造者，成为持续改善人居生活环境的践行者。

如果说开发是生活品质的硬件基础，物业服务则是其软件保障。物业服务企业传承工匠精神，对服务品质精益求精、力求完美，以高品质服务为品牌形象赋能，为美好生活添翼。近几年，物业服务企业将各类服务标准化、规范化，统一管理，并在服务理念上不断升级，形成标准化、立体化的多层次服务体系。

各规模体量的物业服务企业均重视标准化建设，大型企业由于规模较大，统筹性管理难度相应较高，通过服务标准化、考核标准化等方法，用统一的考核指标约束项目服务人员，能保障所有项目都达到较高的服务品质，对提升企业服务品牌具有重要价值。同时，企业也能够基于较高的基础服务品质与品牌形象，顺利推进多元化增值服务业务；中小型物业服务企业通过服务标准化，提升客户居住体验，专业化的服务培训体系让员工产生较强的归属感与获得感，也在一定程度上提升了员工的边际服务效率。

例如，融创服务自2017年发布"归心社区"以来，不断对其内容进行扩充，2019年推出升级版的管家服务模式，2020年提出归心社区"全景服务体系"；新城悦服务也在2020年将原有的"橙管家服务体系"升级为"卓悦生活服务体系"，通过网格管理、团队协同、科技赋能切实提升服务品质。见表1-1。

表 1-1　　　　　部分企业服务理念与标准化服务/品牌体系

企业名称	服务理念/核心价值观	标准化服务/品牌体系
雅生活集团	呵护你一生，成就我人生	"雅智联"超级云平台、雅智联1+N产品服务体系
碧桂园服务	急业主所急，想业主所想，一切以业主为中心	"凤凰芯"管理系统、CRM客户管理系统、"大管家"员工应用系统、"浮标"标准化体系、"天天满意度"服务评价体系
融创服务	至善·致美	融创服务归心全生活服务体系
保利物业	全心全力 说到做到	"亲情和院、东方礼遇、星云企服、镇兴中国"品牌体系
新城悦服务	共创和谐生活	卓悦生活服务体系
建业新生活	一切以客户为中心	"建业+"幸福生态系统十三大服务体系
绿城服务	真诚、善意、精致、完美	智慧园区生活服务体系
时代邻里	创造服务	"尺度、温度、速度、深度"4度服务美学体系

资料来源：中指研究院综合整理。

物业服务企业通过升级服务理念，改善服务质量，拉近业主与物管企业之间的关系，为服务增加了人文底蕴。在不断发展服务理念的同时，物业服务企业也针对客户的不同需求，提供差异化的服务，如保利物业推出了面向优质住宅、高端住宅、商业物业和公共服务的四大服务品牌，满足不同顾客群体的服务需求与特性；融创服务针对不同年龄层的客户，每年均组织举办"健走未来""果壳计划""邻里计划""业主春晚"四大品牌活动，让社群活动平台化，构建和谐社群关系与社区生活；金茂物业通过"悦邻+"增值服务品牌下的5个业务线条，从不同维度为业主提供资产全生命周期服务，将服务根据客户需求进行分层，让服务立体生动，最大限度地便利了客户事业与生活，展现出浓厚的社区人文气息。

物业服务企业通过将社区增值服务、基础物业服务等多项业务整合分类，形成不同的品牌并分级标准化，根据客户需求搭建出多样化、有层次的品牌产品服务体系，不仅能有效降低成本，提高效率，最大化规模效应，也能显著提升客户的体验,营建出深厚的社区人文气息,促进邻里沟通,提升物业服务和社区的"温度"。

第四节 发展波澜壮阔,与社会共生共荣

纵观多年发展历程,伴随着中国宏观经济的周期波动和行业的多轮政策调控,自改革开放以来,中国房地产行业发展经历了三个大的阶段。

1. 市场化起步阶段(1978—1997年)

随着住房市场化改革的不断深入和信贷政策的支持,中国房地产逐步走向市场化,房企开始登上市场舞台。1980年4月,邓小平同志明确指出住房改革要走商品化的路子,从而揭开了住房制度改革的大幕。1984年,国家计委、国家经委、国家统计局、国家标准局等批准颁布了《国民经济行业分类标准和代码》,首次正式将房地产列为独立的行业。

在国内房地产市场化初期,市场还是一片尚未开垦的处女地,地产开发尚无先例可循,房企担负着行业"摸着石头过河"的探索和实践任务。1980年,南北两家房地产开发公司首次成立;1984年,中央机构认定房地产公司(彼时称为"城市建设综合开发公司")具有独立法人资格,万科、招商地产、保利地产、天鸿集团、华发股份、浙江广厦等第一批房企应运而生。在这个过程中,由于所获项目多以协议出让为主,在市场中崭露头角的房地产企业主要呈现出各区域"占山为王"的格局,如20世纪90年代赫赫有名的华南五虎——合生创展、雅居乐、碧桂园、富力、恒大,再如各地政府城开公司,如华远地产、北京房开(天鸿集团),上海的上实发展,广州的广州城建等。

2. 高速发展阶段(1998—2016年)

1998年,《国务院关于进一步深化城镇住房制度改革加快住房建设的通

知》(国发〔1998〕23号)公布，正式宣告福利分房制度终结和住房体制市场化改革的开始，成为中国房地产市场化的分水岭；同年，为配合房改政策，央行出台《个人住房贷款管理办法》，所有城镇、银行均可开展个人住房贷款，居民可用贷款购买所有自用商品住房。此后，房地产投资的高增长带动固定资产投资增速趋势性攀升，房地产行业对经济增长的作用持续提升，2003年国务院18号文首次明确将房地产定位为"国民经济的支柱产业"，表态支持房地产市场健康发展，由此推动了自改革开放以来持续时间最长的一轮经济增长。经济高速增长、城镇化快速推进，土地市场化逐渐打破区域壁垒，激发了房地产市场广阔的发展空间，房价快速上涨引发多次调控但收效甚微。2004年，国土资源部、监察部联合下发了《关于继续开展经营性土地使用权招标拍卖挂牌出让情况执法监察工作的通知》(国土资发〔2004〕71号)，要求从2004年8月31日起，所有经营性土地一律都要公开竞价出让，即所谓"831大限"。这标志着经营性用地协议出让的寿终正寝和招拍挂制度的全面推行，此后土地市场进入规范化、市场化的新阶段。在此背景下，房地产行业蓬勃发展，全国商品房销售额除2008年金融危机影响下出现下滑外，2004年至2007年销售额年均增长率高达40.5%，销售均价2004年和2005年分别同比增长15.0%和16.7%，刷新历史纪录，2008年则略有下降。为了抑制房价过快上涨，2005年政府出台"国八条"，首次调控房价。2006年，"国六条"出台，重在调整住房供应结构，重点发展中低价位、中小套型普通商品住房、经济适用房和廉租住房。2007年，央行先后10次上调存款准备金率、6次上调基准利率，为楼市降温；当年9月27日，央行和银监会发布了《关于加强商业性房地产信贷管理的通知》(银发〔2007〕359号)，对房地产开发贷款、土地储备贷款、住房消费贷款、商业用房购房贷款等进行从严管控。但在供不应求的市场环境下，政策调控效果有限，甚至出现"越调越高"的现象。

房地产企业登上市场快速上行的列车，顺应土地市场化，开启全国化扩张时代。成功突破地域限制，并借由活跃的资本市场攻城略地，成为房企驶入发展快车道的秘诀。其中，脱颖而出的房企包括A股上市龙头房企"招保万金"、"利润之王"中海,以及跨区域扩张模式各有千秋的"京沪粤渝"四大流派的代表房企等。截至2008年年底,"招保万金"已进驻15~35个大中城市。同时,成功规避过快扩张带来的资金风险,创造速度神话的黑马顺驰即被过度扩张、现金流断裂击垮;而金融风暴的不期而至也使部分房企经受波折,如2008年陷入资金困顿的恒大等企业。

金融危机后货币宽松周期开启,在此利好下,房地产市场开始修复2008年的下跌并实现跳跃增长,2009年全国商品房销售额和销售面积分别同比增长76.9%和43.6%。在经济企稳和房地产市场回暖后,政策调控开始逐步收紧。2009年年底,将个人住房转让免征营业税期限恢复至5年,2010年,先后出台"国十一条"和"新国十条",但政策效果有限;2011年,"新国八条"出台,限购政策逐步扩大至40多个城市,叠加央行的3次加息和6次上调存款准备金率,导致百城房价涨幅收窄,并于2011年9月起持续下跌。一线及热点二线城市政策的调控加速了全国房地产市场的调整,许多中小城市房地产市场得到快速发展。2012年,受地方政府财政趋紧、经济下行的影响,调控开始出现松动,两次降息降准改变市场预期。2013年,"国五条"出台。同年4月,百城住宅均价突破1万元/平方米并持续上行。2013年,全国商品房销售额突破8万亿元,创历史新高。2014年,央行连续5次降息、4次降准,政府调控思路转向分类调控,除一线城市以外的二三线城市逐步退出限购,"930新政"放松住房贷款刺激需求,但全年商品房销售额和销售面积同比均有所下跌。

在此期间,房地产市场大量刚性需求释放,加之国内信贷规模增长、赴港上市、海外发债等资金通路畅通,房企加速全国化进程并重点向三四线城市扩张。2009—2012年,急转向上的市场使高库存、改善型、精细化房企得到迅猛发展,如龙湖、绿城、保利;2013—2014年,高周转、高杠杆、高负债的发展模式成为行业主流,恒大、碧桂园、融创、华夏幸福均位居前列。与此同时,部分房企却因过度扩张或裹足不前等战略失误而经受波折,如复地自2008年、合生创展自2013年起均跌出百强前十行列。

从去库存和信贷宽松走向"四限"扩围和信贷紧缩,房地产市场进入结构性需求饱和与分化加剧的白银时代。经过此前的野蛮增长,房地产市场高库存问题开始显现,2008年至2014年,全国商品房销售面积合计74亿平方米,新开工面积113亿平方米,销售新开工比0.65,统计局公布的全国商品房待售面积在2015年年底达到峰值7.2亿平方米。2015—2016年,"去库存"政策、信贷宽松等利好政策密集出台,为房地产市场注入一股暖流,一二线城市受益于改善性需求大量释放,成交量和房价快速上涨并持续高位运行,土地市场也"一路飙升"。2016年9月以后,多个热点一二线城市出台调控政策,限购限贷力度及各项监管措施频频加码,遏制投资投机性需求,受调控影响,2016年四季度百城房价指数涨幅明显回落。

3. 美好生活阶段(2017年至今)

2016年年底的中央经济工作会议提出,要坚持"房子是用来住的,不是用来炒的"的定位,加快研究建立符合国情、适应市场规律的基础性制度和长效机制,为房地产行业的发展定下基调。随着围绕"房住不炒"定位的信贷紧缩、"四限"扩围等调控政策全面升级,同时构建租购并举的房地产制度、推动长效机制的建立健全,热点城市房地产市场逐步回归理性。三四线城市在一二线城市购买力外溢和棚户区改造货币化安置大幅提升的作用下,库存去化效果明显并呈现量升价涨,百城住宅价格指数显示三线城市2017年累计上涨12.32%,在各线城市中最为突出。

随着房地产市场逐渐开始由增量向存量转换,行业洗牌速度进一步加快,分化发展已成为当前及未来一段时间房地产市场的主旋律。一方面,城市价格分化逐步显现:根据百城房价指数,一二三线城市房地产价格上涨的幅度2013年以前始终比较接近,2013年以后不同城市之间房价涨幅出现了显著的分化,一线城市房价增长幅度与二三线城市差距逐步拉大,且变化趋势在时间上表现不一致,如一线城市于2013年和2015年开启两轮快速上涨,热点二线城市2016年出现明显上行,其他二线城市和三四线城市的房价直到2017年才开启上涨通道。另一方面，城市间房地产市场发展阶段不同，新房发展空间也出现分化：北上广深城镇化率均超过85%，目前已进入存量房时代，二手房成为市场成交主体，增量住宅供应相对稀缺；二线城市多数还处于快速城镇化阶段，新房仍为其主要形态，是房地产增量市场的主阵地；三四线城市目前在棚改带动下新房需求存在较强支撑，在棚改逐步完成后，具有人口净流入和产业支撑条件的三四线城市才能持续繁荣。

2021年以来，"房住不炒"和"稳地价、稳房价、稳预期"的主基调保持不变，房地产贷款集中管理制度严格落实，降负债、降杠杆、加速回款成为房企经营的主旋律。在此背景下，房企已然意识到"规模不再是万金油"，唯有在保证财务安全性和经营稳健性的基础上，才能行稳致远，实现高质量的发展。

长风破浪会有时，直挂云帆济沧海。中国房地产行业进入调整通道，过去"高周转、短平快"的发展模式亟须转变，未来应踔厉奋发，高举精细化运营管理的大旗，方能行稳致远，看到"隧道尽头的光"。

第二章

住房制度改革，城市焕发新的生机

1978年作为中国改革开放的元年，经济社会发生深刻转型。改革开放不仅使经济得以发展、国力得以增强，同时也给房地产行业的发展提供了良好的成长空间。四十多年来，伴随着中国经济的深刻转型，中国房地产也完成了从福利分房到商品化、市场化的转变。

第一节　第一个商品房小区，在深圳诞生

1978年之前，中国并没有真正的房地产市场，也没有房地产行业和商品房等说法，一切百废待兴。

党的十一届三中全会后，邓小平同志在谈到建筑业和住宅问题时作了重要指示，"房子是可以卖的""过去很不重视建筑业，只把它看成消费领域的问题，建设起来的住宅当然是为人民服务的。但是这种生产资料的部门，也是增加收入的重要产业部门""应该看到建筑业是可以赚钱的，是可以为国家增加收入、增加积累的一个重要产业部门，所以在长期的战略发展规划中必须把建筑业放在重要的地位。建筑业发展起来就可以解决大量的人口问题，就可以多盖房子，更好满足城乡人民的需要"[①]。

1980年，具有划时代意义的《关于建筑业和住宅问题的谈话》和中共中央、国务院批转《全国基本建设工作会议汇报提纲》使得中国房地产市场迈出了关键一步，推动了中国住房制度改革的历史进程。谈话与提纲指出："除由国家、地方、企业投资建设住宅外，还要调动私人买房、建房的积极性。

---

① 1980年4月，邓小平同志《关于建筑业和住宅问题的谈话》。

要准许职工私人建房、私人买房，准许私人拥有自己的住宅，同时有计划地由国家建设一批住宅，向私人出售。不仅新建住宅可以出售，现有住宅也可以出售。"至此，住房制度由福利制转为商品化已经迈出了第一步。

随后，由国家城市建设总局、全国总工会起草的《关于组织城镇职工、居民建造住宅和国家向私人出售住宅经验交流会情况的报告》中也明确："付款方式要灵活，可采取一次付款和分期付款相结合。分期付款的年限一般以5~20年为宜，年利率不要超过2%。一次付款者，可以享受减价20%的优惠待遇。建造出售住宅所需资金、材料，在国家目前经济比较困难的情况下，可从原来国家补助的投资和地方自筹资金中解决。各地可以从这两项资金中划出一部分，作为住宅出售的固定周转金和补贴资金。"

深圳作为改革开放最前沿地区，在房地产领域自然冲在时代的潮头浪尖，勇于突破，敢为人先，展开大胆探索和试验。时任深圳市房地产管理局副局长的骆锦星兼任总经理，负责与港商合作建房事宜。深圳罗湖区爱国路的3001号，是新中国第一个商品房小区——东湖丽苑。1980年的元旦前夕，经过一番协商，骆锦星与港商刘天就达成共识并签订协议书：深圳市政府出让土地的使用权，港商拿出盖楼所需的建设资金，双方合作共建住宅，所得利润按深圳政府85%、港商15%的比例进行分配。东湖丽苑地势较高，依山势而建，户型面积为50~60平方米，买房每户送三个户口。由于买房还能迁户口，因此吸引了很多在内地有亲友的香港人购买，购买客户遍及珠三角、潮汕、上海等地，销售行情空前火爆。东湖丽苑的成功开发是一个具有划时代意义的起点，对深圳乃至全国今后商品房市场的建立和完善起到了积极的推动作用。

1980年8月，第五届全国人大常委会通过的《广东省经济特区条例》中，"国有土地有偿使用"的原则和"以外商独资、合资、合作"等方式引进外资开发经营土地资源的做法得到了法律法规的认可与肯定。由深港合建的中国第一个商品房小区东湖丽苑也充分展现了深圳人敢为天下先和破釜沉舟的精神。

1981年1月,经国务院批准,由建设部、财政部共同组建中国房屋建设开发公司,是中国大陆地区成立最早的房地产开发企业,并在国家计委中央计划单列模式下推行全国房屋建设商品化。1987年11月,中国房屋建设开发公司更名为中国房地产开发总公司,在建设部领导下进行城市房地产开发试点。1993年1月,经国务院批准,中国房地产开发总公司更名为中国房地产开发集团公司,在全国成员企业内开展国家试点小区建设。1999年1月,按照党中央国务院关于党政机关与所办经济实体和管理的直属企业脱钩的精神,中房集团公司与原上级主管部门建设部脱钩,成为中央管理的以房地产开发为主业的国有骨干企业。2006年7月,按照国务院国资委的整体部署及安排,中房集团整合地方成员公司资产及项目,由中房集团公司牵头,共同发起设立中房集团联合投资股份有限公司,形成了全新混合经济所有制的企业管理平台和资产运营平台。2010年8月,央企改革进一步深化,经国务院批准,中房集团公司整体并入中国交通建设集团有限公司,其后成为中交集团设立的专业化子集团——中交房地产集团下属企业。2011年经国家工商总局批准,以中房集团联合投资股份有限公司为核心的中房联合集团正式注册登记挂牌。

改革开放催生了一家特殊的企业,这就是赫赫有名的招商蛇口。从1978年起,招商局集团积极参与改革开放,在国家、民族发展关键转折点作出了积极贡献,特别是从1979年开始,招商局集团成立了招商局蛇口工业区控股股份有限公司,负责开发深圳蛇口工业区,这也是中国第一个对外开放的工业区。经过数十年的发展,深圳蛇口工业区作为中国改革开放的发源地,为中国经济发展作出了很大贡献,并培育了以招商银行、招商地产等为代表的优秀企业。

专栏2-1　招商蛇口：城市运营华正茂，行业巨擘谱新章

招商局蛇口工业区控股股份有限公司（以下简称"招商蛇口"，股票代码001979）是招商局集团旗下城市综合开发运营板块的旗舰企业，是集团内唯一的地产资产整合平台及重要的业务协同平台。企业以"中国领先的城市和园区综合开发运营服务商"为战略定位，致力于成为"美好生活承载者"，为城市发展与产业升级提供综合性的解决方案。

招商蛇口诞生于深圳蛇口工业区，伴随着蛇口工业区不断发展，进行了一系列住房制度的革新。1979年7月8日，中国内地第一个对外开放的工业园区——蛇口工业区破土动工。1981年，蛇口工业区第一批职工住房竣工，职工住房政策采取按成本计租的方式，拉开了中国房屋有偿使用的序幕。同年9月，蛇口工业区进行结构调整，下设3室和13个专业公司，房地产为13个专业公司之一。1984年，蛇口工业区房地产公司成立。同年，蛇口工业区决定以水湾头、荔园、招南等小区为先例，尝试按优惠价向职工出售住宅，并制定《蛇口工业区职工住宅经营管理暂行规定》，实行住房商品化改革。1986年，开发玫瑰园小区与鲸山别墅。1987年，经深圳市政府批准，蛇口工业区房地产公司成为具有国家一级房地产综合开发资质的房地产公司。

在扎根蛇口的同时，招商蛇口确立"立足蛇口，依托内地，面向海外"的发展方针，进军蛇口及深圳以外的市场。1989年，招商蛇口走出深圳，兴建位于广州市流花路的招商宾馆。1992年，同时开发建设广州文德、中山金斗山庄、淡水招商花园2期、上海永生、天津海运国际大厦共五个项目。随着外拓及深耕的双向深化，招商蛇口相继在上海、北京、广州、重庆、南京、天津、苏州和深圳八卦岭、宝安、龙岗、龙华等地以投标、合作等形式获得项目土地储备。2004年，提出"绿色地产"战略，成为绿色建筑的先行者。

2015年，蛇口工业区换股吸收合并招商地产，实现A股资本市场重大无先例重组上市。招商蛇口在房地产开发主业的基础上，全力布局社区开发与

运营、园区开发与运营、邮轮产业建设与运营三大核心业务领域，将自己定位为"产、网、融、城一体化"的综合城市运营服务商，"前港—中区—后城"的运营模式逐渐形成。

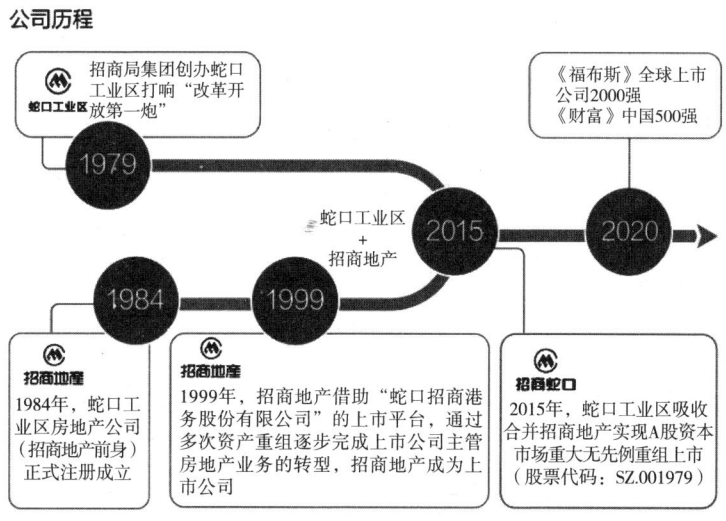

图2-1　招商蛇口发展历程

招商蛇口致力于成为"美好生活承载者"，目前已打造出启蒙成长、事业成长、家居成长、生活成长、健康成长、夕阳安养等六大类业务板块，覆盖了教育、文化、写字楼、园区、文创、特色产城、长租公寓、住宅、酒店、综合体、商业、邮轮、健康、养老等14个业务领域。

城市功能升级方面，招商蛇口在全国邮轮港城进行网络化布局及商业模式复制，实现"船、港、城、游、购、娱"一体化联动管理，构建集旅游地产、母港经济、邮轮产业于一体的高端旅游服务生态圈。

生产方式升级方面，招商蛇口聚焦空间规划、产业聚集、生态圈服务，为产业创新赋能。从产业研究、产城规划到产业聚集、园区运营，从主题园区、特色产业带到生态型片区，招商蛇口赋予产业繁盛生长的能量，为城市经济多元化发展带来源源不断的活力。

生活方式升级方面，招商蛇口专注为不同类型的家庭打造理想的居住空间，住宅产品涉及别墅、高端住宅、高层公寓、花园洋房等类型。在聚焦精品住宅开发的同时，持有类业务也进入了蓬勃发展期：集中商业产品覆盖海上世界、花园城、九方等产品线；长租公寓三大产品线已全面覆盖国内一线及核心二线城市；在深圳、广州、杭州等城市落地养老公寓、颐养中心等大健康产品。

不同于通过高周转获取高利润的房地产开发商，招商蛇口以打造产城融合的超级平台为战略目标，逐渐从单一的地产开发转变为开发业务、资产运营、城市服务三类业务综合发展，致力于成为"中国领先的城市和园区综合开发运营服务商"。

一、企业产品线

1. 开发业务

招商蛇口专注为家庭客户提供精品住宅，四十余年来不断努力，为不同家庭建立他们理想的居住空间。"建筑美好栖居，领航生活榜样"也是对社区住宅的品质背书。梳理并建立了三大类住宅产品系：成长系（幸福栖居的品质好房）、成就系（犒赏人生的轻奢舒居）、传承系（家族典藏的传世资产），以满足不同客户家庭的核心居住需求。产品满足"从功能需求到性能需求的提升、从生理需求到体验需求的升级、从居住需求到生活需求的升级"等三大主张。

招商蛇口以"科技建造""智慧体验""绿色运维"推动产品力提升，通过深植绿色理念，构筑健康人居，积累了形象鲜明的产品力品牌。作为"绿色发展的承载者"，招商蛇口是房地产行业中绿色人居的探路者和先行者，也是较早提出绿色地产战略的责任企业之一，且绿色理念随着企业战略定位不断发展。

2. 持有业务

2020年招商蛇口成立资产管理中心，协同招商积余设立"招商商管"商业运营管理团队，整合成立"招商伊敦"酒店公寓管理平台，以专业化、垂直化为原则重塑组织管理体系。此外，全面盘点集中商业、写字楼、酒店、公寓等四大业态的持有型物业，设置不同的持有及管理策略；产融体系渐成，深圳泰格明华、南京马群花园城等类Reits产品成功创新发行，为资产有序、有效退出奠定基础。

3. 园区业务

招商蛇口深耕园区的开发与运营，聚焦空间规划、产业聚集、生态圈服务，为产业创新赋能。从主题园区到特色产业带，再到生态型片区，招商蛇口赋予产业繁盛生长的能量，为城市经济多元化发展带来源源不断的活力。

4. 招商积余

招商蛇口旗下的招商积余，以建设成为"中国领先的物业资产管理运营商"为目标，发展物业管理及资产管理两项核心业务，构建"沃土云林"商业模式，为客户提供全业态、全价值链、全场景的综合解决方案。

二、典型项目案例

1. "玺系"绿居住宅

2015年，招商蛇口第一个"玺系"产品——海上世界·双玺花园在深圳落地，被称为划时代人居作品，经过7年的时间洗礼，仍被人津津乐道。次年，中国玺在北京二环诞生，无以复加的先天价值，成为一个时代的标杆。招商蛇口"玺系"产品，一直以来代表着招商蛇口的最强产品力，先后在深圳、北京、上海、西安、成都等多个重点城市，以"非城芯不落子"占位重点城市的核心区，以"一玺一高定"的理念打造终极改善产品，每一个都能称为精品，收获不俗业绩与市场口碑。2021年招商蛇口与国家战略并肩而行，主动落实"双碳"，匠心打造上海内环内的大成之作，招商云玺再掀"玺系"热潮，成为上海首个超低能耗项目。而后，上海天汇世纪玺项目应用到超低能耗技术，构建高品质绿色人居，践行央企的社会担当。

作为招商蛇口旗下TOP级产品，"玺系"产品线不断沉淀、精研迭代结出的美好果实。从双玺到招商玺，招商蛇口"玺系"产品推崇多元化的独立IP，遵从"平面功能别墅化，空间尺度公建化，服务配套酒店化"的价值逻辑，注重挖掘每个地块的文化底蕴，通过前瞻的设计理念，多元化的空间组合，彰显每个项目的个性，并从空间尺度、建筑立面、园林造景、入户礼序、社区生活、居家空间、高端会所、物业服务、智能化等九个方面，精心打磨产品极致体验。

"玺系"产品自面世以来，就以卓越的品质领衔沪深楼市，用实实在在的数据彰显市场的认可，是招商蛇口多年品牌积淀和硬核产品力的实践印证。2022年是招商蛇口"品质年"，在"美好生活承载者"初心驱动下，招商蛇口在产品端继续发力，精益求精匠筑精品，以产品力的持续提升，赋能美好人居生活，助力公司高质量发展。

2.深圳蛇口网谷

（1）历史变迁：凤凰涅槃，旧工业区华丽变身"中国硅谷"

时光倒退40年，当时的蛇口工业区，工厂林立，繁忙且喧嚣。但随着时代向前发展，旧厂房渐渐难以跟上发展的脚步，传统企业与21世纪格格不入，而随着成本压力的加剧，这些劳动密集型产业大多选择了迁离。2009年，时任广东省委书记汪洋提出产业升级的"腾笼换鸟"战略，将低附加值的制造业转移出去，引进具有高成长性的高科技企业。招商局集团紧随国家战略，主动把握历史机遇，提出"再造新蛇口"战略。2010年，招商蛇口与深圳南山区委区政府强强联手，重磅推出了融合高科技与文化产业的"蛇口网谷"项目。蛇口网谷成为"再造新蛇口"的载体，代表着新蛇口片区乃至深圳的新产业发展方向和未来。

（2）科技园区：产业聚集，"线上+线下"融合赋能智慧化运营

蛇口网谷项目定位科技与文化高度融合的创新创业示范基地，有新一代信息技术、电子商务、物联网、文化创意四大核心产业及其他产业构成，目前入驻企业共计450家，产业聚集度超过70%；吸引了包括苹果、IBM、雀巢（中国）、飞利浦、史泰博等世界500强企业，联新、51world等独角兽企业入驻，聚集招商创库、厘米空间、清华启迪之星、清控双创等20余家孵化器和众创空间。除此之外，在这片科创沃土上，还培育了隆博机器人、前海健匠等一批创业新星。

（3）环境美好：面朝大海，低密度、宜人研发环境显独特气质

蛇口网谷设计呈狭长形状，沿南海大道而建，北区由原有工业厂房改建，

适合高端制造研发等产业；南区则为重建的研发办公楼，适合新一代信息技术、互联网等产业的研发设计。网谷在改造时注重景观打造，致力于提供低密度、舒适宜人的研发办公环境。部分老厂房装修时保留原建筑格局、尺度和布局规划，同时注重现代设施的更新，平衡历史感和时代感。

（4）服务一流：招商禀赋，全生命周期关注每一位客户需求

蛇口网谷不仅提供从孵化到加速、成熟的全生命周期空间，更关心企业在成长过程中的需求。网谷依托招商系的全生命周期资源、产学研资源、投融资资源、政府资源，为客户对接招商港口、邮轮、金融资源，为客户搭建平台，为客户提供一定的央企背书。

（5）品牌复制：蛇口出发，5城6谷为城市带来科技生长的新力量

蛇口网谷的产业升级，带动了整个蛇口片区的城市更新和配套服务升级，实现了蛇口再造。从蛇口出发，网谷也在向全国生长，青岛、武汉、南京、杭州、南昌5城6谷，运营面积近220万平方米，通过品牌复制，网谷已经成为行业领先的科技创新类中小微企业集聚园区，持续焕发当地老旧厂房活力、提升城市形象，并为城市带来科技生长的新力量。

招商蛇口致力于成为"美好生活承载者"，从城市功能升级、生产方式升级、生活方式升级三个角度入手，为城市发展与产业升级提供综合性的解决方案，配套提供多元化、覆盖客户全生命周期的产品与服务。

3.前海蛇口自贸区

中国（广东）自由贸易试验区深圳前海蛇口片区是全国三大自由贸易试验区之一，2015年3月，由中共中央政治局会议审议通过。前海蛇口片区规划面积28.2平方公里，分为前海区块和蛇口区块。其中，前海深港合作区是国家唯一深港现代服务业合作平台，是"一带一路"的重要战略支点，也是广东自贸试验区的重要板块，集深港合作、一带一路、自贸试验区三大国家战略于一身，具有独特的政策优势和改革开放的战略优势。

（1）政企合作模式

创新型政企合作模式。2016年9月，招商局集团与前海管理局共同成立

深圳市前海蛇口自贸投资发展有限公司，双方各占50%股权，共同开发自贸区前海片区，这也是全国唯一政企持股相当的合作开发模式。双方以资本为纽带，积极探索共商、共建、共享的政企合作建设自贸区的新体制；通过组建合资公司，进行土地整备和土地资源优化配置；同时在新时期深化国企改革大背景下，积极探索"小政府＋大企业"的企业化管理、市场化运作的新尝试。

（2）片区打造

妈湾片区规模较大，招商蛇口通过基础设施建设、人口和产业导入、商业经济发展、综合配套完善等，对片区进行综合性开发，打造"功能现代、产业高端、环境优美、宜业宜居"的妈湾国际化滨海活力新城。

土地整理。妈湾片区土地权属复杂，招商蛇口通过3年时间对片区内土地进行整理。一方面，梳理不适合开发的土地，对片区内如港口气库、输油管线等进行迁移；对不能迁移的项目，通过制定各种规范加以引导，将土地使用带来的不便降到最低。另一方面，与不同权属主体签署协议，将土地由物流用地转变为商业用地，实现片区内土地权属的单一性。

整体规划。招商蛇口在前期规划过程中，始终以片区、城市运维的思路为出发点，强调片区的复合型打造、集中式发展、均衡性职住比和环境的友好；以一流的城市规划设计引领和指导妈湾片区的国际化城市新中心建设，组织开展了前海妈湾片区的整体城市设计，将妈湾片区打造成为城市新中心、深港国际服务区和理想型城市典范。

交通网络。区域内规划增设多条轨道交通站点，便捷与区域外的紧密连接；建有口岸，规划直升机停机坪等航空线路，实现海空一体化口岸，接驳港澳；同时，海空一体化口岸也紧邻增设的轨道站点，打造海陆空轨复合型交通枢纽。

产业导入。招商蛇口通过多业态产业发展，升级城市和区域经济。目前，已建成前海深港设计创意产业园，通过挖掘深港文创设计产业合作的巨大潜力，将片区打造成国际一流的文化创意基地；建设前海深港文创小镇，以电竞产业带动粤港澳青年文化交流，增强凝聚力和认同感，激活和丰富湾区电竞产业链，为片区发展聚人才、造人气、创品牌。

城市配套。通过调整片区内职住比，提高区域内住宅、公寓比例，保证片区既有好的生活氛围，又有办公设施，实现区域内自平衡，为片区留住更多人才；引入K-12国际学校荟同学校，完善城市公共配套，促进中西文化交流，不断提升片区的国际化营商环境和宜业宜居氛围。

宜居环境。充分发挥政企合作平台优势，以全面实施EPC工程为抓手，大刀阔斧地在片区内进行安全整治、环境提升和交通整治，通过打造生态良好的景观与自然环境，改善片区环境，提升城市形象，提高片区的营商环境和商业价值。

"互联网+"体系。与百度联手，充分依托百度在处理海量多维大数据方面的丰富技术经验，借助"互联网+"，对自贸区的综合交通体系进行全面改造和提升；通过百度的大数据、云计算等技术优势，搭建深圳智能交通长期发展的生态圈，共同打造"互联网+自贸区"的智慧城市平台和新型智慧城市。

第二节　敲响中国第一拍，土拍规则发生重大调整

随着工业化对城镇化的推动，在国内市场需求拉动和外向型经济发展模式的支持下，劳动密集型的轻工业迅速发展，带动了工业就业人口迅速增长，沿海地区出现了大量由新兴小城镇组成的"工业化地区"。各地区开始陆续出现地产创业浪潮以及土拍热和炒地热。

1986年被称为改革史上的"土地年"。1986年6月25日，在第六届全国人大常委会第十六次会议上，《中华人民共和国土地管理法》通过，并决定在1987年1月1日起正式施行。这是中华人民共和国成立后，我国颁布的第一部关于土地资源管理、全面调整土地关系的法律，它的颁布是我国土地管理工作的重大转折和管理体制的根本性改革，标志着我国土地管理工作开始走向有法可依的有序轨道，也意味着土地使用权有偿转让序幕开启。土地管理法的颁布，从根本上开创了我国土地管理工作的崭新局面，这主要在三个方面体现出来：实现了全国城乡土地统一管理制度；土地管理法律法规体系的框架初步形成，土地利用开始走向有序轨道；为随后的国内土地第一拍奠定了基础。

1987年2月，国家土地管理局首任局长王先进在国务院召开的外资领导小组会议上提出了三个意见："第一，出让的是土地使用权，不是所有权；第二，出让土地要有一定年期，不是无限期的，到时无偿收回；第三，要按不同年期收取一定的租金。"这些意见得到一致同意，最后决定由国家土地管理局和国务院法制办组织试点。之后国家土地管理局经过反复调研和专家研讨，向国务院提交了试点报告。报告中发布了试点城市，其中包括深圳、上海、天津、广州、福州、厦门等，报告在得到国务院批准后，试点工作随即启动。

1987年9月，深圳率先在全国试行土地使用有偿出让，出让了一块5000多平方米土地的使用权，限期50年，揭开了国有土地使用制度从无偿、无期限、无流动向有偿、有期限、有流动改革的序幕。同年11月，国务院批准深圳、广州等地进行土地使用制度改革试点；12月1日，深圳举行新中国第一

图2-2 新中国第一场土地拍卖会场景

场土地拍卖会，公开拍卖一宗8588平方米地块的50年使用权。当时媒体报道，共有44家企业举牌竞投，拍卖从200万元起叫，经历20多轮举牌后，深圳经济特区房地产公司以525万元中标。此次拍地开创了中国内地土地出让模式，也是中国房地产史上具有里程碑意义的事件。在土地出让次日，许多新闻报纸的头版评论是："这是新中国自1949年成立以来的空前壮举，也标志着中国大陆的改革开放进入了历史新时期。"在新中国第一场土地拍卖后一个月，广东省人大通过《深圳经济特区土地管理条例》，规定土地使用权可以有偿出让、转让。1988年4月12日，第七届全国人民代表大会第一次会议通过宪法修正案，规定"土地的使用权可以依照法律的规定转让"。

作为改革开放前沿阵地的广东涌现出不少房地产创新发展模式。广州以六运会带动城市建设，是中国最早以体育盛会带动房地产开发的典范。而北京承办了亚运会这一综合性国际体育大赛，同时兴建了以奥林匹克体育中心为主的大量亚运会场馆以及用于参赛人员居住的亚运村等，这不仅使得整个北京市貌焕然一新，也催生了一家房地产公司，那就是北辰实业。

专栏2-2　北辰实业：多元化发展模式，成就复合地产品牌企业

北京北辰实业集团有限责任公司成立于1990年8月8日，前身是第十一届亚运会运动员村服务中心。亚运会结束后，赛会配套设施由北辰集团接管和运营，为北辰集团打造和运营集会展、商务、酒店于一体的城市综合体积累了经验。北京北辰实业股份有限公司于1997年4月由北京北辰实业集团有限责任公司以优质资产单独发起设立，在香港发行H股并上市，2006年10月在上海证券交易所上市A股。北辰实业成为国内首家A+H股地产类上市公司。

2007年，北辰实业以92亿元成功竞得湖南省长沙市新河三角洲地块，开启全国化布局。长沙北辰三角洲项目以文化休闲为驱动，以商业商务为引擎，并以生态居住为主体，打造多功能复合型城市综合体。随后，北辰实业相继进入广州、武汉、杭州、成都、苏州、南京等一二线城市。

北辰实业房地产开发业务涉及住宅、公寓、别墅、写字楼、商业等多元化、多档次的物业开发和经营。所开发项目及土地储备分布在京津冀、长江经济带、川渝城市群、海口自贸区以及粤港澳大湾区等15个核心城市，近50个项目，累计开发规模达2000万平方米，构建了住宅、产业综合体、商业、物业服务多业务协同发展的格局。

一、企业产品线

历经多年发展，北辰实业主营业务包括发展物业、会展及投资物业等（含酒店）。

1. 发展物业

发展物业以立足北京、拓展京外为方针，近年来持续推进区域深耕和新城市拓展，逐步形成多区域多层级的全国规模化发展布局，构建了涵盖住宅、公寓、别墅、写字楼、商业在内的多元化、多档次的物业开发体系。截至2021年末，发展物业项目已进入北京、广州、长沙、武汉、杭州、成都、苏州、南京、廊坊、合肥、宁波、重庆、无锡、海口、眉山15个城市，开发规

模不断提升。

未来，发展物业将进一步推进精细化管理，努力打造更为高效、专业的运营团队，提升自身抵御风险的能力。发展策略方面，北辰地产将坚持适度规模，紧抓集中供地窗口期，加大房企合作力度，提升资源投放的精准性和土储布局的合理性；除此之外，充分发挥"地产+会展"优势并进行探索，坚持"一盘一策"整体策略，同时通过建立健全管理体系，加强成本控制与工程质量管控，进一步提升项目收益。

2. 投资物业（含酒店）

投资物业以会展为龙头，积极带动酒店、写字楼、公寓等业态协同发展。北辰实业持有并运营的投资物业包括位于北京亚奥核心区的国家会议中心、北京国际会议中心、北辰洲际酒店、五洲皇冠国际酒店、北京五洲大酒店、国家会议中心大酒店、北辰世纪中心、汇宾大厦、汇欣大厦、北辰时代大厦、北辰汇园酒店公寓以及位于长沙的北辰洲际酒店、长沙北辰国际会议中心、长沙北辰国荟酒店等，总面积逾134万平方米。未来，投资物业将围绕北京"四个中心"战略定位及国际消费中心城市建设，以更高站位和格局推动会展及投资物业板块持续创新发展。其中会展业以"做强做优服贸会品牌，全力做好服贸会专业化运营"为抓手，以"发力会展上游业务，构建新发展优势"为突破，实施国际化、品牌化、数字化发展战略，加强国内外行业交流合作，推动数字化和会展的深度融合，建设智慧会展，不断优化会展全产业链运营模式，加快构建以会展服务运营为核心的现代服务业产业集团。在投资物业方面，北辰实业将进一步梳理各业务架构，优化资源配置，加强资源整合，发挥协同效应，适应市场变化，及时调整经营策略，不断提高运营能力和盈利能力。

二、项目案例

1. 长沙北辰三角洲——城市综合体的集大成者

"北辰三角洲"位于湖南省长沙市开福区，是由北辰独立操盘打造的最大城市级综合体。作为代表长沙城市经济与文化发展水平的超大型城市综合体，北辰以完善的整体布局，集聚多样化、多层次城市功能，打造长沙最高标准的复合新中心，形成交通中心、商务中心、文化旅游中心、教育中心、居住中心等多中心融为一体的高品质都市理想新城。

（1）多元业态有机融合，盘活区域潜在价值

市政配套：与政府齐心协力，打造人文新城市。政府在北辰三角洲投建的"三馆一厅"——长沙市规划馆、长沙市博物馆、图书馆、音乐厅，为三角洲高品质都市生活添加了许多符合新时代和社会发展要求的人文配套元素，同时满足了人们对居住和精神的需求。

教育配套：完善社区配套和人文环境，满足人民全方位品质需求。北辰三角洲项目内部设置了从幼儿园到初中的12年全方位的精英教育体系，全力打造国际化、开放式的素质教育理念以及高水准的硬件设施，满足了区域内全方位素质文化教育需求。

商业配套：有机融合多元复合商圈，迸发无限区域经济价值。目前北辰三角洲的商业产业包括孵化了超过10家文创类上市企业的产业园区、68万平方米中央商务商业区、17万平方米滨江体验式商业公园、5万平方米集高档零售商业及休闲餐饮娱乐业为一体的商务商业区、12万平方米长沙最大的社区商业街区、8万平方米"现代凤凰"风情式地铁主题商业区等。北辰三角洲中的多重商业街区、居住区使得工作与生活互为引擎、融为一体，逐步形成了城市副中心级的复合商圈。

公建配套：构建产业综合体生态闭环，促进地标经济发展新动力。北辰三角洲集聚了高星级酒店（洲际酒店）、5A甲级写字楼（北辰时代广场），还配备了会展（长沙国际会议中心），充分发挥了北辰在"地产+会展"运营模式方面的优势，持续挖掘城市的价值和能量，促进区域硬件实力发展。

养老配套：早在多年前，北辰就以前瞻的眼光定位了高端养老领域，填补了长沙市高端养老的空白，推动了长沙市养老产业的发展，同时也为长沙建设"中国养老试点先进城市"贡献力量。北辰欧葆庭国际颐养中心总面积2.5万平方米，房间数224间，床位418床，其遵循了对老年人照顾的连续性

和综合性,一方面集合养老领域的全新理念,优越的环境设施为老年人提供个性化、专业化以及国际化的连续性长期照顾,包括身体的健康、生理的健康等;另一方面也有效地满足了老年人其他不同的需求,包括医疗健康、休闲娱乐(创办了供老年人休闲娱乐的老年大学)、营养饮食等。

交通配套:北辰三角洲规划时采取低洼地段的开发模式,通过"立体开发、人车分流"的模式有效地解决了地块本身的开发难度。由于三角洲拥有独特的地貌特征,处于河谷阶地、周围地势较高,北辰采取了香港中环立体交通体系,同时巧妙地利用了湘江39米的防洪堤,实现了平台层以下架空大道6米的落差,搭建了一个架空平台层交通(架空层盖板之上——人行)、地面交通(架空层盖板之下——车行)和地下交通(地铁1号线)三位一体的"立体交通系统",在不同标高层分别安排人、车交通系统,保证了防洪安全的同时也兼顾了居住的滨水品质。

图2-3 长沙北辰三角洲

(2)复合地产新型典范,质量品质发展先锋

拥有复合地产开发经验,为行业提供可借鉴模式。北辰的复合地产开发理念及模式在行业内得到了广泛认可,为行业内其他企业提供了复合地产的发展借鉴。北辰三角洲对商务、商业、文化、教育、休闲、居住等复合功能有机融合的创新规划,以及高效节约集约土地的开发模式,被政府列为长沙

市重点工程建设项目、长沙绿色建筑试点示范项目、长沙市节地模式试点项目、湖南省"两型"社会建设项目及国土资源部"节约集约用地"示范项目,被长沙市民列为心中的"理想生态城市"和最能代表长沙的"城市新名片"。

持续推进大城北战略实施,为区域发展注入强劲动力。北辰三角洲位于长沙大城北的核心区域,大体量居住人口的增加和商圈的崛起使得大城北战略加快落地实施并取得了显著的成效。根据长沙市统计局的数据,2021年,开福区常住人口达到85万人,同比增长3.6%;人均可支配收入65412元,同比增长7.1%;新增城镇就业人数9241人,同比增长11.6%;创造GDP达1135亿元,同比增长8%。此外,三角洲区域的文创产业园,目前引导及孵化的上市文创企业多达10家,吸引的世界500强企业有数十家,聚集的70多家银行机构和大量证券保险公司的金融总量覆盖了长沙的60%以上的金融业态,北辰三角洲为开福区的可持续发展注入了源源不断的动力。北辰通过内部资源与外部资源形成合力,并以住宅、商业、产业、酒店、会展等形成北辰三角洲区域龙头经济拉动的效应,主导着未来区域发展空间格局的走向,持续带动区域繁荣发展和提升区域周边价值。

2.武汉北辰光谷里——新文创产业综合体的探索者

项目地处光谷金融中轴关山大道,位于高新二路凌兰路。项目占地约9.5万平方米,总建面近50万平方米,涵盖超甲写字楼、甲级写字楼、精品服务式公寓、文创办公独栋、创意商业街区等。北辰·光谷里以打造东湖高新区国家级文化和科技融合示范基地及华中文创产业第一聚集地为目标。

(1)深入研究洞悉市场,前瞻布局获取资源

项目以文创产业为基础,率先提出"产商融合,四位一体"的产业综合体模式。融合"企业、商业、产业、政业"四位一体,以产业为内核,以商业为外延。产业是最大的主力店,为商业提供支撑和动力,商业为产业提供配套和活力。构筑独一无二的产商生态圈,有望成为商务和商业相互稳定、共同发展的完美方案。

北辰·光谷里借助光谷区域的强大辐射力、影响力,范围覆盖98所高校

科研院所，42所高校及16000家高新企业，为文创产业发展奠定坚实基础。项目秉承绿色、环保、健康理念，投资数千万元建设集中供冷供热空调系统、引入智能办公系统，将前沿科技注入建筑空间，让商务和商业更为高效、节能。并由知名设计团队亲自打造，国际知名物管提供一流服务体验。

（2）大力推动产城融合，释放区域发展活力

北辰在光谷里设计上倾注较多文化融合理念，致力于打造代表光谷形象、武汉文化的创新型综合体，成为城市的标杆性建筑，在设计风格上通过古典与现代相结合的楼群设计，打造区域焦点。写字楼设计大多采用现代化手段，采用了斜屋面处理手法，提升项目整体的现代化设计感。其中北辰·光谷里原创设计的光谷之门，寓意着光谷面向未来30年的光之门，LED灯在双层幕墙之间，整栋建筑通体发亮，成为整个区域的视觉焦点。商业设计中打造了三栋民国风建筑，灰、红、白相间的砖墙唤醒人的记忆及传承，此外，点缀一栋欧式商业建筑，演绎古典建筑的复古风情。

图2-4　武汉北辰光谷里

助力产城融合，提升区域价值。北辰光谷里在发展产业的同时提供满足工作、生活、社交的多方位综合服务，实现光谷和城市空间功能的改善，助力形成产城融合的城市发展模式。通过打造现代化与传统文化融合的标杆项

目，提升光谷区域价值和文化价值，打造光谷发展新名片。未来，光谷里将吸纳1000+家文创企业，整个项目将提供约三万个文创就业岗位，容纳大批文创人才和创业者进入，预计实现企业总产值1000亿元，社会效益将逐步凸显。同时，光谷里将提供从企业孵化到加速到上市等全方位服务，不断推动文创产业的聚集与繁荣，推动武汉光谷迈向世界光谷，助力国家文化与科技融合大发展。

北辰实业秉承追求股东价值最大化的一贯原则和"创造物业价值，筑就百年基业"的历史使命，致力于打造全国一流的复合地产品牌企业和全国最具影响力的会展品牌企业。

第三节 取消福利分房，全面开启住宅商品化时代

1978年12月，党的十一届三中全会拉开了改革开放的大幕。改革开放不仅改变了中国、发展了经济、丰富了人民的物质与精神生活，同时也给予了中国房地产行业全新的成长空间。从计划经济体制向市场经济体制的全面转变，与此相适应的财产权制度也出现了重大变革，为房地产市场的发育创造了基础制度条件。

正式允许住宅商品化，拉开住宅商品化时代序幕。在改革开放的大背景与城镇住房的实际需求下，我国开始探索与公有制相结合的住房改革的道路。1980年6月，中共中央、国务院批转《全国基本建设工作会议汇报提纲》，提出，准许私人建房、私人买房，准许私人拥有自己的住房，正式实行允许住房商品化政策，自此揭开了中国城镇住房制度改革的序幕。随后，国务院办公厅向各地转发了由国家城市建设总局、全国总工会起草的《关于组织城镇职工、居民建造住宅和国家向私人出售住宅经验交流会情况的报告》，报告中提到截至1980年10月，已经有26个省、直辖市、自治区的128个城市和部分县镇开展了私人购买、建造住宅的工作，其中由国家建造住宅向私人出售的城市50个，111个城市的私人建房面积达到332万平方米。

补贴售房为住宅商品化的主要方式。早期住房政策的重点是试售住房，主要分为全价售房与补贴售房两种模式。1982年，常州、郑州、沙市、四平四个城市试行"三三制"补贴销售新建住房政策，即购买者仅需支付房价的三分之一，其余三分之二由政府、企业承担。补贴售房虽然售价略高于全价售房，但由于地方政府和单位补贴，大大减轻了职工家庭的购房负担，因此推行相对顺利。除此之外，国家还进行提租补贴。从1982年开始，各地陆续推出出售公房、鼓励购买的政策，但因缺乏购买力和社会心理基础，收效不大；此后，烟台、蚌埠等地先后启动了"提租补贴"试点，通过补贴提高房租，实现以租金养房，但是由于种种原因，这项改革没有全面推开。

1998年4月28日，央行将《个人住房担保贷款管理试行办法》发往各商

业银行，正式宣布全面执行：贷款期限最长可达20年、贷款额度最高可达房价的70%。1998年7月3日，国务院下发《关于进一步深化城镇住房制度改革加快住房建设的通知》，标志着福利分房年代的结束、住房商品化时代的开启，同时"建立和完善以经济适用住房为主的多层次城镇住房供应体系"被确定为基本方向。住房制度改革不仅带动了整个房地产行业的发展，同时也成为经济发展的推动力量。

房地产行业的发展，从筒子楼到现代化社区、从郊区到城中心、从农村到都市，改变的不仅仅是居住的环境和水平，同时还伴随着政策、制度等方面的变化，而住房制度改革则是一个关键性事件，不仅开启了住房商品化时代，同时也成为经济发展的动力。彼时，我国城镇化率只有33.4%，远远低于发达国家，农村收入和消费水平与城镇有相当大的差距。加快城镇化进程是解决中国发展问题的重要举措。此时，一批批房地产开发商也竞相登场。

专栏2-3 碧桂园：稳健发展，做中国新型城镇化的身体力行者

碧桂园控股有限公司创建于1992年，总部位于广东省佛山市顺德区。作为中国新型城镇化的身体力行者，碧桂园以工匠精神反复推敲房子的安全、健康、美观、经济、适用和耐久，为社会提供装修精美的好房子、风景宜人的好园林、设施完备的好配套、贴心周到的好物业。迄今超过450万户业主选择在碧桂园社区安居乐业，碧桂园已为超过1400个城镇带来现代化的城市面貌，为中国的城镇化和现代化做出了贡献。

碧桂园的发展历程大致可以分成四个阶段。见图2-5。

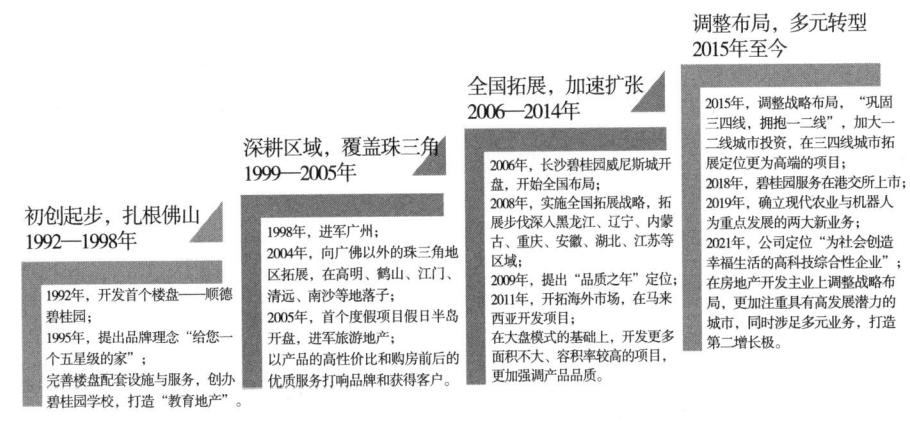

图2-5 碧桂园发展历程

初创起步期。1992年，碧桂园开发首个楼盘——顺德碧桂园，并在社区内引入高尚会所和双语学校等配套设施；1995年，提出品牌理念"给您一个五星级的家"。这一时期的碧桂园在打造住房产品的基础上完善楼盘配套设施与服务，例如创办碧桂园学校，打造"教育地产"，以产品和服务打响知名度。

区域深耕期。1999年，碧桂园走出顺德，第二个项目落子广州；2004年，向广佛以外的珠三角地区拓展，进入高明、鹤山、江门、清远、南沙等地市

场；2005年，首个度假项目假日半岛开盘，进军旅游地产。碧桂园以产品的高性价比和购房前后的优质服务打响品牌和获得客户，在珠三角地区获得市场认可。

全国拓展期。2006年，长沙碧桂园威尼斯城于国庆开盘，标志着碧桂园迈开全国布局的步伐；2008年，碧桂园实施全国拓展战略，拓展步伐深入黑龙江、辽宁、内蒙古、重庆、安徽、湖北、江苏等区域，全年共实现23个全新项目开盘；2009年，提出"品质之年"定位；2011年，开拓海外市场，在马来西亚开发项目。该时期，碧桂园在以往大盘模式的基础上，为应对市场变化，开发更多面积不大、容积率较高的项目，也更加强调产品品质。

调整转型期。2015年，碧桂园调整战略布局，"巩固三四线，拥抱一二线"，加大对一二线城市投资，在三四线城市拓展定位更为高端的项目；2018年，碧桂园服务在港交所上市；2019年，确立现代农业与机器人为重点发展的两大新业务；2021年，公司定位"为社会创造幸福生活的高科技综合性企业"。碧桂园在房地产开发主业上调整战略布局，更加注重具有高发展潜力的城市，同时涉足多元业务，打造第二增长极。

一、企业产品线

1.地产+物业

作为中国最大的城镇化住宅开发商之一，碧桂园采用集中及标准化的运营模式，业务包含物业发展、建安、装修、物业投资、酒店开发和管理等。碧桂园提供多元化的产品以适合不同市场的需求，各类产品包括联体住宅及洋房等住宅区项目以及车位及商铺，同时开发及管理若干项目之内的酒店，提升物业适销性。

自创立伊始，碧桂园便将配套设施与服务作为住宅产品不可分割的一部分，提出"社区配套先行"的产品理念，并在随后逐渐形成"大盘+社区生活+学校+会所"的标准配置，落地全国各个项目。随着城镇化进程不断推进，碧桂园住房产品重心从刚需、大盘、性价比，逐渐调整至改善、质量、细节，于2021年发布"星、府、云、天"全新四大产品系列，从不同角度出发,打造大众心中的好房。其中,"星系"住宅重点设计多功能的社区空间,强调"功能空间的情景叠加",满足都市青年的个性需求;"府系"住宅满足多年龄段家庭成员需求,既充满东方文化感的营造,又赋予住宅充分的功能实用性;"云系"产品结合用户的日常生活场景,提供"智能家居＋智慧社区"方案,保障健康、安全的社区生活;"天系"产品位于城市交通核心区,集建筑、装修、园林、配套等最高品质产品标准于一身,既考量居住的私密安谧,又注重出行的便捷高效。在全新的产品模式下,碧桂园运用了不同的建造理念来满足细分的客户需求,以适应新的社会发展情况。见图2-6。

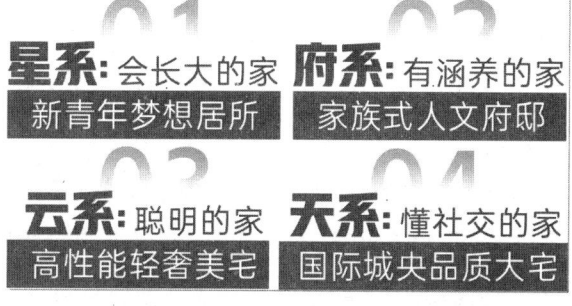

图2-6 碧桂园"星、府、云、天"四大产品系列

碧桂园酒店业务经历了从重资产向轻资产转型的过程。自2007年起,碧桂园酒店的营业收入逐渐增加,但由于酒店业务具有运营维护成本高、回报周期长的特点,以及三道红线监管要求,碧桂园决定采取轻资产战略,转型输出酒店品牌的酒店运营商。2020年,碧桂园核心联盟企业凤悦酒店及度假村正式宣布成立,定位为高品质酒店资产运营商,管理碧桂园凤凰、碧桂园假日、凤悦等酒店和公寓品牌。之后又陆续与希尔顿集团、安纳塔拉酒店的母公司美诺集团达成战略合作,通过独家引进与合资公司形式发展与经营希尔顿惠庭和安纳塔拉等品牌。

物业业务涵盖住宅、商业、写字楼、产业园、学校、公园及公建等多种业态,业务遍及中国31个省、直辖市、自治区,超过370个城市及海外地区,合同管理面积达12.1亿平方米。服务内容包括物业管理服务、社区增值服务、非业主增值服务、"三供一业"业务、城市服务及商业运营服务。其中，物业管理服务为业主、住户以及物业开发商提供一系列物业管理服务，包括保安、清洁、绿化、园艺及维修保养服务等，涵盖住宅、商业物业、写字楼、产业园、多功能综合楼、政府大楼、医院、学校及其他公共设施；社区增值服务包含到家服务、家装服务、社区传媒服务、本地生活服务、房地产经纪服务及园区空间服务；"三供一业"业务涉及物业管理及供热的分离移交改革领域，并逐步向办公物业、石油石化企业的工厂、工业园区、油气厂站的综合服务、企业职工食堂等国企后勤综合服务业务拓展；城市服务包括城市公共服务、城市资源经营、城市数字治理三大领域；商业运营服务则为购物中心、社区商业、商业街区、专业市场等项目提供商业策划咨询、招商、营运及企划服务等全链条服务。2018年，碧桂园物业板块碧桂园服务在香港主板上市。

2. 机器人产业

科技发展日新月异，机器人时代已经到来。碧桂园投身科技创新大潮，广纳人才、博采众长，集20万名员工、1000多名博士的智慧，用科技的力量为社会创造美好生活，助力国家科技进步。成立博智林机器人公司，研发应用以建筑机器人、新型装配式建筑、BIM技术为核心的智能建造体系，努力实现安全、质量、时间和效益的完美结合，引领建筑行业的变革，并同步推进餐饮、医疗、农业、社区服务等各类机器人的研发、制造与应用；成立千玺机器人公司，打造国内外领先的机器人餐厅，向社会提供好吃、卫生、营养、健康、实惠的美食，创造全新的餐饮体验。

3. 农业

碧桂园积极参与农业现代化和乡村振兴，成立农业公司，用先进的无人化装备发展大农业，提升农业生产效率、粮食产量和品质，助力解决世界粮食问题。成立碧优选公司，组织农民开发种养殖基地，搭建城乡商业桥梁，把丰富、安全、好吃、实惠的产品从田间地头直接带到城市社区，服务每一个中国家庭。2020年，碧桂园农业控股有限公司启动无人化农场试验示范项目，已基本实现"无人化"的农机田间耕、种（插）、管、收。未来将会以"无人化农场"的建设模式和经验向其他地方复制和推广应用，通过发挥无人驾驶技术来丰富农业机械的使用功能，大幅提升农业生产效率和粮食产量，为解决世界粮食问题做出贡献。

4.社会责任

精准扶贫和乡村振兴也是碧桂园的主业之一。立业至今，碧桂园创始人及集团累计参与社会慈善捐款已超87亿元，并主动参与全国16省57县的精准扶贫和乡村振兴工作，已助力49万人脱贫，未来将继续为巩固拓展脱贫成果，实现乡村振兴贡献力量。作为一家自2007年就已在香港地区上市的恒生指数成份股公司、《财富》世界500强企业，碧桂园在2021年的纳税额超600亿元人民币。碧桂园将坚持做有良心、有社会责任感的阳光企业，努力实现社会因碧桂园的存在而变得更加美好的目标。

二、典型项目案例

1.碧桂园·森林城市

碧桂园森林城市是由碧桂园集团携手柔佛人民集团合力打造，选址位于经济快速增长的马来西亚依斯干达经济特区，森林城市占地约30平方公里，包含四座岛屿、休闲养生度假区及建筑工业化产业园，以绿色智慧产业新城为定位，结合环境、科技和产城融合的设计理念，呈现一个理想的工作与生活环境，打造未来城市榜样。

森林城市采用立体分层城市及垂直绿化规划理念，全城搭建垂直绿墙、空中花园和屋顶花园，形成多维度立体绿化系统，目之所及绿色环绕。森林城市将聚焦居民生活、城市管理、产业发展、智慧建造四个方面，提供多元化智慧生活及社区服务。

2.科技小镇

科学技术是第一生产力。碧桂园于2016年8月发布产城融合战略，建造集"科技、生态、智慧、创新"于一体的科技小镇，聚焦科技创新和绿色产业的发展。碧桂园科技小镇坚持产业先行，贯彻产业发展、配套设施、金融服务、应用场景融合发展的理念，主要布局于一线城市周边和强二线城市周边的重要区域，致力于为科技创新打造好平台，为产业振兴营造生态圈。目前，碧桂园已在珠三角、长三角等地初步布局了多个科技小镇，并与国内外一大批机构建立战略合作。其中，位于广东惠州的潼湖科技小镇一期已于2018年9月28日正式开园，吸引了民德电子、视联动力、文思海辉、柯莱特、中建南方环境等60多家物联网科技企业和创新载体进驻，初步形成了物联网生态圈雏形。

3.碧优选

碧优选是碧桂园集团全资控股零售板块，采用生产销售一体化的业务模式，通过社区生鲜店、生活超市、农贸市场、线上商城、商贸公司等立体业态组合，为消费者提供特色生鲜食品、日用品和健康生活服务。碧优选以"为社会提供安全、丰富、好吃、实惠的食品"为使命，借力现代农业，建设农产品的标准化及端到端全产业链，对接原产地农业合作社，采用高标准选品和全链路品控，真正做到健康食品"从田间到餐桌"。未来将在全国各地布局蔬菜、水果种植基地，建设自有品牌产品生产工厂，促进当地农民就业增收。

碧桂园以为客户打造"五星级的家"为核心出发点，在产品和服务上持续发力，改善产品、升级服务。在住宅产品迭代进化的同时，也通过一系列具体高科技举措来提升房屋住宅的质量和居住体验，在高科技领域建立竞争力。自2017年开始，碧桂园已连续五年成为行业销售领头羊，在未来仍会不断为社会提供美好的居住产品，为城镇化进程贡献力量。

专栏2-4 绿城中国：品质为先，打造理想生活综合服务商

绿城中国成立于1995年1月，经过多年的发展，从杭州走向全国，跻身中国房地产企业TOP10。从房产专业开发、全程管理服务到物业服务，再到开辟医疗、教育、足球等事业。绿城不仅营造房子，更创造生活，已形成完整的全生命周期产业链，致力于成为"理想生活综合服务商第一品牌"。

1995年，"绿城"品牌诞生，杭州桂花系列别墅开工建设。随后，丹桂花园、金桂花园和丹桂公寓陆续上市，在杭州打响知名度，获得杭州第一代商品房业主的广泛认可，为绿城奠定行业地位打下了基础。

2000年，随着"上海绿城"项目的启动，绿城走出浙江，陆续进入上海、北京、合肥、长沙、郑州等一二线城市，开始由区域性发展商向全国性发展商转型。2006年，绿城中国在香港联交所挂牌上市（股票代码03900.HK）。

2007年，绿城成立精品战略领导小组，将"精品战略"作为公司发展战略，同时推出"园区生活服务体系"。同年，绿城中国首次进入中国房地产企业"百亿俱乐部"之列。

2009年，绿城中国合同销售突破500亿元大关。2015年，绿城对产品进行全面升级，开启"YOUNG"时代，推出"四大名著"。从对房子的建造，到对生活方式、生活场景的营造，绿城向生活服务商转型，在养老、商业等服务占比较大的领域加大投入。同期，绿城启动轻资产代建业务，开辟新增长极。

2016年，绿城中国合同销售、资金回笼双超千亿元，3年之后双超两千亿元，迈上新的里程，并于2020年实现合同销售额2892亿元，重回行业前十。

2021年，绿城中国启动"1299"战略规划，围绕"TOP10中的品质标杆"这一核心目标，以"最懂产品""最懂客户"为两大战略支点，走"全品质、高质量"的可持续发展道路。

绿城始终追随明月桂花的理想，以"创造城市的美丽"为己任，以产品

品质奠定品牌基础和市场口碑，为实现"理想生活综合服务商"的美好愿景而努力奔跑。

一、企业产品线

绿城中国布局三大板块（重资产、轻资产、"绿城+"）和九大业务（房产开发、房产代建、理想小镇、地产金融、绿城商业、城市更新、绿城康养、房屋4S、科技装修），全面助力城镇化进程和居民生活品质提升。

1. 房产开发

绿城发展史就是一部产品迭代史。成立二十八载，绿城用不断进化的认知，持续创新的产品，一路引领中国城市和建筑前进的方向。从"造房子"到"造生活"，绿城始终以"创造城市的美丽"为己任，不断探索城市和社区的关系、社区和房子的关系、房子和居住者的关系。经过二十余载的孕育，绿城逐渐形成多维度、立体化、可持续的产品谱系，包含八大产品系列、22个产品品类、22种建筑风格，构成绿城的核心竞争力。

从丹桂花园、诚园、蘭园的园系，"YOUNG"时代的四大名著，再到凤起系典藏作品，绿城的产品创新一直走在行业前列。2019年初，绿城中国董事会主席张亚东提出研以致用，保持前置创新，做到"一年创新、两年落地、三年复制"。随后几年，绿城在研发上加大投入，确保创新机制的全面推行。

绿城于2021年在集团层面建立起产研结合的引领创新体系，在区域层面建立起紧贴市场的地域性创新体系，涵盖专项创新、标杆创新、属地创新等三大体系，36项创新课题，多项创新成果在北京、杭州、广州、长沙、武汉等12个核心城市的23个项目中分别落地。

2. 房产代建

绿城管理成立于2010年，是中国房地产轻资产开发模式的先行者、引领者，也是绿城品牌和代建管理模式输出的主体。2020年7月，绿城管理在香港联交所主板上市（股票代码9979.HK），成为中国代建第一股。绿城管理通过项目管理整合资源、输出品牌及标准，以定制化的解决方案和高品质的服务，为客户创造价值。核心业务模式包括：三大代建主业，即政府代建、商业代建、资方代建；三大配套服务，即金融服务、产城服务、产业链服务。

3.新兴业务

绿城积极布局理想小镇、地产金融、绿城商业、城市更新、绿城康养、房屋4S、科技装修等业务。理想小镇，产业综合服务商，在全国落地文旅康养、居住生活、乡村振兴等多个类型的小镇样板，荣获特色小镇运营领先品牌；地产金融，基于产业链资源整合及价值创造，提供优质的产融服务；绿城商业，负责持有物业的全生命周期管理，致力于打造品质商业；城市更新，致力于城市与产业办公改造升级，为城市与社区更新提供一体化解决方案；绿城康养，轻重协同，打造中国高端康养业务品牌；房屋4S，行业首创，聚焦项目交付后全生命周期服务；科技装修，整合房屋装饰装修全链条，以科技赋能房品质提升。

二、典型项目案例

1.杭州江南里——大运河畔中式宅院，再现"杭韵宋风"

绿城·杭州江南里位于杭州大运河畔、"古运河第一桥"拱宸桥西侧、世界遗产保护区内，占地3.4万平方米，建筑面积5.1万平方米，容积率仅为0.7，绿化率达到30%。见图2-7。

图2-7　绿城江南里

江南里集绿城20年别墅营造之大成，采用纯中式元素，延续桃花源、四季酒店到云栖玫瑰园的中式营造脉络，模仿古老杭州的内向式肌理，在城市中心打造出世界级水居低密大宅，成为杭州高端市场上独具个性的品质住宅，并成为杭州首个以别墅身份夺得月销冠的楼盘，也是首个一周内网签8亿元的别墅项目。

江南里采用中式意境的创新，将现代生活方式与中国传统居住文化进行深度融合。江南里改变以往中式别墅相对独立、内敛自得的居住态度，以居住文化、人文历史与城市地脉相结合的生活方式，诠释运河文化与拱宸桥周边的环境特质，营造具有传统街巷特质的邻里氛围，为城市高端人群带来全新生活体验。

在建筑风格上，江南里延续江南古典园林粉墙黛瓦与自然景观的色彩搭配与对比，取消繁复的雕梁画栋，以朱栏绮户、黛瓦粉墙，素净的色彩和优雅的曲线，使建筑细节更为精致。建筑立面多门窗少实墙，在满足通风采光的同时，充分考虑观景、借景，通过连廊、灰空间等把传统的居住建筑与园林景观结合起来，让宅与院相连，室内外相融，使每一扇窗户、每一个门框都成了最佳画框。

2.杭州杨柳郡——YOUNG系开篇之作，年轻复合活力社区

杭州杨柳郡位于杭州艮北新城核心、地铁1号线七堡站上盖，占地32.8万平方米，建筑面积82.6万平方米，容积率为1.7，绿化率达到30%。

杭州杨柳郡作为绿城YOUNG时代的开篇之作，是绿城TOD的专属创新品牌，凝结了绿城对生活方式的全新理解和建构。在2015年和2016年，杨柳郡集中推盘期曾多次创造出日销20亿元的业内神话，宁波杨柳郡也曾创造年销售额70亿元的佳绩。2021年杨柳郡四期收官1~4号楼，590套房源，吸引了10416组登记，中签率5.7%，诞生了杭州第16个万人摇。6月，杭州杨柳郡这一80万平方米大盘迎来整盘交付。

杨柳郡鼓励空间互动，旨在营造年轻复合社区。杨柳郡集居住、商业、休闲、教育于一体，配备绿城全天候园区生活服务体系，是杭州首个年轻复合活力社区。杨柳郡在设计中最大限度地满足年轻群体生活与休闲娱乐的平

第二章　住房制度改革，城市焕发新的生机

图2-8　杭州杨柳郡

衡所需甚至创造性地设立了众多公共空间，在现实空间内再创一个社交空间。儿童共享空间云朵游乐馆、溪涧小屋、趣味艺术馆，青年共享空间乒乓游乐馆，老年共享空间颐养活动馆，亲子共享空间梦境跑道、森林乐园、音乐迷宫，全年龄段共享空间互动交流馆。该项目挑战了以往绿城对住宅景观的做法，含有绿城关于如何联系社区社群的思考、互动交互的景观使用功能，并融入生态设计的景观理念。

"生活没有边界"的设计理念，营造通透明亮的感官体验。杨柳郡建筑立面采用简洁的现代建筑风格以及丰富精致的细部处理，从审美和实用的角度精细考量建筑的窗墙比关系，加大了窗户的比例，室内感觉更通透明亮。杨柳郡好街的立面形式以玻璃幕墙和铝板为主，采用超大面落地玻璃，将室内的视野全面打通，打造"生活没有边界"的设计理念。

3. 舟山长峙岛如心小镇——东海岸国际范生态宜居小镇

舟山长峙岛如心小镇位于舟山临城新区核心区南侧，占地400万平方米，建筑面积约200万平方米，于2009年开工。作为绿城集20年造城经验首献舟山的小镇作品，绿城·舟山长峙岛如心小镇经过十余年一体化主导开发建设，最大限度地保留了原乡生态。

图2-9 舟山长峙岛如心小镇

在"开放街区"理念下,打造生态智慧的活力小镇。长峙岛如心小镇根据整岛的地形特点,探索可持续的开发模式,利用国内外先进技术,打造环境优美、绿色、环保、节能的生态智慧小镇,并营造出浓厚的社区感和街道生活,打造宜居的活力小镇。依赖东西的山轴与南北的水轴交会形成小镇中心,融入"开放街区"设计理念,在地块中轴营造广场和步行街以实现街区的公共开放性。小镇中心规划有完善的配套,以如心广场为核心,形成年轻时尚、生活服务、长者服务、亲子童玩、滨水休闲五大功能街区,业态包含颐乐学院、超市、电影院、童玩中心、各类名品、餐饮等业态,生活与交通十分便捷,也为老人、小孩、年轻人聚集交流、节庆活动提供适宜的公共场所。

终身教育惠及全民。长峙岛如心小镇整合国内外一流教育资源,结合小镇自然资源优势,以同步国际的教育理念为指导,强化"全龄教育+自然教育+名师教育+社会实践",为生活在小镇的每个人提供终身优质教育。规划有社区幼儿园、国际幼儿园、小学、九年一贯制学校、国际学校、颐乐学院、大学等教育配套。

4.衢州礼贤未来社区——留住城市记忆,营造全新生活

自2019年浙江省提出建设"未来社区"以来,一切设计都围绕"以人民美好生活向往为中心"展开。秉承理想生活综合服务商的愿景,绿城以人本

化、生态化、数字化为导向，以九大场景创新为引领，积极投身于未来社区的建设，关注社区全生活链服务需求。

衢州礼贤未来社区是浙江省首批24个未来社区试点之一，位于衢州老城区，是绿城首个启动竣工验收的新建类未来社区项目。项目建筑面积约为65万平方米，分为七大区域，规划有住宅、礼贤台邻里中心、空中绿轴、三大主题公园、宅间花园、沿江漫步道、运动休闲公园、幼龄教育、社区养老等空间，通过场景设计，为"温良恭俭让，仁义礼智信"的衢州人探索新型居住模式的可能性。

图2-10 衢州礼贤未来社区

相比传统社区，未来社区更注重建筑、居住者与城市的交互。

在交通场景中，衢州礼贤未来社区通过约5米抬高盖板设计将空间叠合，社区底板整体抬高，形成"盖上""盖下"垂直空间，在社区打造一座微缩立体城市。"盖上"分布地景花园和居住空间，房子和花园就像"种"在盖板上。邻里中心"盖下"引入公共交通为导向的TOD模式，公交车可以停进楼里，免去出行的日晒雨淋。住宅地块"盖下"设置Mini-TOD公交站点，就近植入邻里、创业、服务、商业等多元业态，串联起社区各个场景，业主可以逛着沿途的商店慢慢走回家。

在邻里场景打造中，衢州礼贤未来社区充分考虑为邻里营造更和谐"有礼"的场景空间，12栋住宅通过围合式布局，整体建筑被设计为多维立体交互空间，各层共享空间与裙房屋顶活动空间通过立体通道无缝连接，连接楼梯各处设置了休息空间。架空层开辟出"社活坊""社区客厅""运动花园"等交流活动空间，与室外大片的阳光草坪相连，拉近人与人的距离。

绿城致力于实现全品质、高质量的发展，并将始终以精诚之道、精深之术、精湛之为，不断满足人们对理想生活的追求，营造美丽建筑，创造美好生活。

专栏2-5 龙湖集团：多元稳健发展，持续打造有生命的空间，有温度的服务

龙湖集团1993年创建于重庆，2009年于香港联交所主板上市，业务涵盖地产开发、商业运营、租赁住房、智慧服务、房屋租售、房屋装修六大主航道业务，并积极试水养老、产城等创新领域。目前集团拥有雇员40000余人，业务遍布全国100余个城市。

龙湖创立之初，以住宅开发与物业服务为基础，开拓商业地产，逐步在重庆打开市场。1997年，开发首个住宅项目重庆龙湖花园南苑，系"国家小康住宅示范小区"。1998年，成立物业管理部，进入物业服务领域。2001年，开发首个独立别墅项目——重庆香樟林，首涉高端住宅业态。2002年，成立商业运营部，进入商业地产领域。2003年，龙湖首个商业项目——重庆龙湖北城天街购物中心开业。

在积累起丰富的产品经验之后，龙湖开始开拓全国市场。2005年，龙湖进入北京，开启全国化布局。2009年，于香港联交所主板挂牌上市。发布"天街""星悦荟""家悦荟"三大商业业态品牌。2017年，成立龙湖冠寓，进入租赁住房领域。

伴随业务不断拓展与升级，龙湖集团积极调整发展策略，以适应新发展形势。2018年，空间即服务（SaaS）战略发布。龙湖地产更名为龙湖集团，发布全新品牌标识，"龙湖物业"升级为"龙湖智慧服务"。龙湖滨江蓝海引擎产城项目落地。2020年，重庆金沙天街开业，系全国首个商圈高铁TOD。

龙湖集团始终秉持"善待你一生"理念，不断升级空间营造和服务能力，致力于打造有生命的空间、有温度的服务。自1998年以来，龙湖地产累计开发项目1000余个，累计开发面积超1.3亿平方米，截至2021年年底，龙湖商业开业商场达61座，年客流量超6.8亿人次，合作品牌超5000家。龙湖冠寓布局全国30余个高量级城市，累计开业

房间数量10.6万间,规模行业领先,位居集中式长租公寓品牌排行榜TOP 3。塘鹅租售累计服务用户超137万,客户满意度96%。塘鹅美装修已覆盖超10类空间业态,承接超300个项目。龙湖智创生活物业管理服务总签约及战略合作面积约4.4亿平方米,在管面积约2.5亿平方米。借助轻资产运营的核心能力,龙湖智创生活向60个购物中心提供商业运营服务,合计管理面积580万平方米,服务超过1.3万名租户。

一、企业产品线

业务涵盖地产开发、商业运营、租赁住房、智慧服务、房屋租售、房屋装修六大主航道业务。

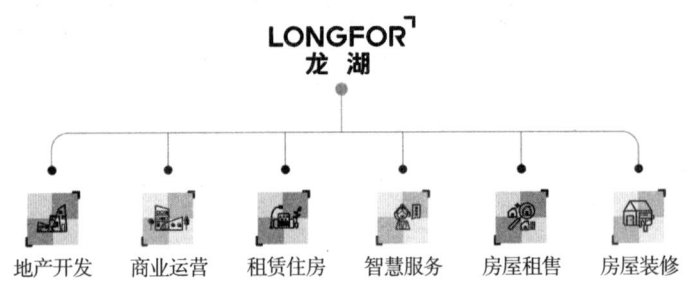

图2-11 龙湖集团业务体系

1.地产开发

龙湖作为TOD开发模式的先行者,已开发项目约80个,以TOD为核心的全业态开发面积超1000万平方米,通过在不同城市区位进行以公共交通为导向的复合空间开发及多业态融合运营,形成都市生态圈现代服务业。自1998年以来,龙湖累计开发地产项目1000余个,累计开发面积超1.3亿平方米,2021年合同销售额2900.9亿元,连续9年获"中国房地产开发企业综合实力10强"。

2.商业运营

龙湖商业以"天街"为主品牌实现全国核心市场布局。截至2021年底,龙湖商业开业商场达61座,年客流量超6.8亿人次,合作品牌超5000家。

3.租赁住房

龙湖冠寓是龙湖集团面向新时代人群租住生活形态及消费升级需求推出的集中式租赁住房品牌。以CityHub（城市资源聚落）理念，将"住、商、办公、社交、服务"等生态化联动一体。龙湖冠寓通过服务和产品创新匹配，切入各细分市场，推出松果、豆豆和核桃三大产品线，满足不同租住人群需求。龙湖冠寓已布局全国30余个高量级城市，累计开业房间数量10.6万间，规模行业领先，位居集中式长租公寓品牌排行榜TOP3。

图2-12　龙湖冠寓三大产品线

4.空间服务

龙湖智创生活是中国领先的提供物业管理和商业运营服务的智慧生活及空间服务品牌。在百余座城市的13大业态领域开展规范化物业服务，客户满意度连续13年超过90%。截至2021年12月31日，龙湖智创生活物业管理服务总签约及战略合作面积约4.6亿平方米，在管面积约2.6亿平方米。借助轻资产运营的核心能力，龙湖智创生活向61个购物中心提供商业运营服务，服务超过13000名租户。

二、典型项目案例

1.重庆龙湖光年TOD

自2020年初的中央财经委员会提出要推动成渝双城经济圈建设以来，成渝迅速升温，到10月中央政治局会议审议通过《成渝地区双城经济圈建设规划纲要》，正式确认成渝城市群成为中国经济第四增长极。随着几大城市群的崛起，如何打造城市发展和城市群之间沟通连接的关键节点变得越来越重要。《全球城市发展2020》报告提出，未来全球主要城市群的竞争将是高端资源要素的配置能力竞争。轨道交通TOD的建设，正是推动城市群之间资源高效配置的重要工具。

以重庆沙坪坝铁路综合交通枢纽为例，老沙坪坝车站始建于1979年，由于功能不全、设施老旧、车流量下降等诸多问题，于2011年车站正式停运，准备改修。改修的重点，不仅仅是车站功能的升级，更多的是引入"站城一体化"建设理念，将城市更新与轨道交通相结合，从方便民生与拉近成渝产业集群为切入点，打造出了"光年"这个集高铁、地铁、快轨、公交、客运等交通功能与物业开发的复合枢纽，成为全国首个高铁商圈TOD项目。

从民生的角度来看，光年项目从规划之初就一改水平布局的传统方式，按照站城一体融合化方式，充分利用山城地势，深挖47米，修建一个7层的地下综合空间，将高铁、城市轨道、公交、出租车等诸多交通方式集合一体，一并归入地下，垂直叠加，让乘客真正实现楼上楼下无缝换乘，满足居民大部分出行需求，从而缓解城市的交通压力。

从交通发展的角度来看，光年项目所辐射的不仅仅是重庆主城的市民，还可以辐射到渝西板块，甚至成都部分区域。特别是随着成渝高铁提速至一个小时车程，对于部分成都居民来说，乘高铁来重庆逛街甚至比去春熙路所需时间还要少。

而作为城市"微更新"的样板，光年项目更是充分借鉴了世界TOD优秀样本日本涩谷站充分利用空间、激活周围商圈的经验，将站前广场和三峡广场相连，使沙坪坝商圈的广场面积从以前的0.27平方公里，扩大近3倍至0.74平方公里，未来更计划扩容至5倍多。预计未来将会给三峡广场商圈带来60万人次/日的人流增长，新增4万个就业机会，增加社零总额50亿元。

如今的光年项目内，分布着公共空间、商业、教育、养老、产业、创新创业等复合业态，这一"轨道上的生活圈"可以让成渝居民不出沙坪坝铁路综合交通枢纽,就可以畅享"食、住、行、游、购、娱、商、养、学"等全方位的便捷生活服务。

值得一提的是,作为成渝合作的连接点,光年项目着力打造了一站式政务服务区,助力两地产业协作度稳步提升,提升两地公共服务一体化,助推两地人流、物流、信息流高效流动。未来,光年项目将为成渝两地在产业协同、经济内循环等方面贡献更多力量。

以光年为代表的"站城一体化"TOD项目的探索,有助于探索提高成渝城市"浓度"与避免虹吸效应之间的平衡点。它对城市内部及城市之间的超强链接,一改以往核心城市"背向发展"、次级城市面临"虹吸"的困境,将成渝两座双子星紧紧地连在一起,给内陆城市群的发展提供了一种充满想象力的新路径。

2.北京丽泽天街

超预期,是北京丽泽天街内包括小大董、巴奴毛肚火锅和行运打边炉等品牌开业一个月的共识。场内品牌带给人们的超预期感受,以及对北京丽泽天街的看好,首先来源于丽泽区域的优势——北京丽泽天街位于丰台区丽泽金融商务区内,作为北京市三环内最后一块建设中的经济功能区,能落位的商业地产项目,稀缺程度不言而喻。丽泽天街是首创置业与龙湖集团共同打造的天街项目,由龙湖商业团队操盘。此外,品牌信心也来源于龙湖集团的运营能力,人们看重的是整个龙湖集团未来的发展潜力。

商户获得超预期感受的前提是不以牺牲购物体验为成本。不将所有的客流都集中在单一区域是其管理的秘诀。对于大型活动,天街会尽量集中在固定的区域,并投入更多人员保证现场秩序,而一些可以吸引客流的小型活动,则被尽量地分散开。上述秘诀源于一整套的预案,包括前三天对活动方案、安全方案、交通管控方案、现场应急方案进行确认,在现场选定点位做好预演,甚至是提前1~2个月开始收集活动的具体信息。

物业团队会在开业前期为商铺提供尽可能的支持。例如,几乎每家商铺在装修前期都收到了物业团队"一键断电"等装修模块的标准化图纸。据介绍,在每天营业结束时,通过商铺的"一键断电"功能,不仅显著节约了物业人员的管控效率,也提升了商场的安全系数。而这些标准化的图纸,则在推进高效安全管控之余,为商铺在设计阶段节约了宝贵的时间。

让品牌愿意陪伴龙湖的运营能力,还有很多内化在各座天街的很多环节。比如,在前期客研阶段,北京丽泽天街的隐性标签。

传统客研方法,是针对项目周围的100万人,拿到的结果是其中本科人群的比例、单身人群的比例和有孩家庭的比例。这些数据都是顾客的显性标签,而北京丽泽天街还关注"多少人家里有智能马桶,多少人家里有第二辆车,是不是SUV,多久换一部手机"。这种隐性标签相对于学历等标签,与购物中心的生活方式更接近。在这种标签下,北京丽泽天街的客群画像视角更生动,也能更好地找到想要的高质量客群。"除了有稳定收入外,还要有能够匹配的消费观念,有收入,有时间,同时还得热爱生活,有多少人家里经常买花,会多久出去自驾游",等等。

在这样的客研分析下,北京丽泽天街发现,项目周边存在相当大量的高品质家庭,而且这部分人可能没什么地方去适合消费。市场定位研究发现,周边人群的消费选择多是去西单商圈和荟聚商场,"西单是年轻时尚,荟聚是一站式全客群,那丽泽天街的差异化定位是做精致的生活方式,服务家庭兼商务客群,再带一点艺术"。

未来,龙湖将秉承"空间即服务"(SaaS,Space as a Service)战略,以客户为视角,以技术为驱动,深度参与城市空间和服务的重构,不断升级空间营造和服务的能力,打造有生命的空间,有温度的服务,持续践行善待你一生的理念,为消费者和合作伙伴提供更加多元的服务和发展空间,成为以客户为中心的空间营造服务企业。

专栏2-6　荣盛发展：多业务协同发展，致力做新型生活方式运营商

荣盛房地产发展股份有限公司（以下简称"荣盛发展"，证券代码：002146.SZ）成立于1996年，2007年8月8日成功登陆深圳证券交易所，是河北省首家通过IPO上市的房地产企业。荣盛发展一直致力于品牌化房地产开发，以做最好的房地产企业为目标，通过专业经营与精品项目阐释现代人居理念。

在公司成立的头十年，荣盛发展稳扎稳打，在地产开发和物业服务两项主业上积累经验，树立品牌。1996年，荣盛发展创立于廊坊。1999年，首个住宅项目方州花园亮相南京。2000年，成立物业服务公司，开始涉足物业服务行业；在廊坊首个独立开发的本土项目群星小区实现当年开工、竣工、销售和入住。2003年，在廊坊推出阿尔卡迪亚项目，在树立品牌的同时积累了大盘开发经验。2004年，荣盛发展获得一级开发资质。

经过十年的发展，荣盛发展在夯实主业的基础上开始发展酒店、旅游、金融、商业、互联网等多元业务，并迎来收获期。2007年，荣盛发展成功在深圳交易所上市，成为河北省首家通过IPO上市的房地产企业。2008年，旗下第一家酒店——廊坊荣盛酒店经营管理有限公司成立；秦皇岛荣盛开发有限公司成立，开始初步探索旅游地产。2010年，荣盛泰发（北京）投资基金管理股份有限公司成立，开始涉足金融行业。2011年，住宅产品细分府邸、盛景、锦绣、花语四大产品线，产品进一步细化升级。2012年，荣盛商管公司成立，致力于商业地产的招商和运营。在2013年和2014年，荣盛发展第一个旅游地产项目、第一个商业综合体分别亮相秦皇岛和沧州。2015年，四众互联（北京）网络科技有限公司成立，荣盛发展涉足互联网行业。

在公司发展的第三个十年，荣盛发展正式迈入多元发展时代，依托多元业务进行转型升级。2016年，启动"3+X"战略，并拉开了海外布局的序幕。

2017年，荣盛发展以第一大股东身份参与辽宁振兴银行的设立。

经过二十余年发展，荣盛发展在经营规模、业务领域取得长足发展，已基本形成了以房地产开发为主业，贯穿康旅、产业园、物业、设计、实业、酒店、商管、房地产金融等业务为一体的全方位、综合性的全产业链条，并成长为全国性知名大型多产业集团公司。

一、企业产品线

1.地产板块

荣盛发展住宅产品定位于坚持主流产品定位不动摇，不断提升和引领改善性需求，持续提供品质刚需住宅与舒适改善型住宅和以新型生活方式为主题的高端社区服务。荣盛发展将对生活的领悟和尊重融入产品，从业主视角出发，做真正的"生活方式运营商"，专注产品的每一处细节，在景观、设计、服务等方面精益求精，以匠人之心打造精品，花语、锦绣、盛景、府邸四大成熟产品系不断迭代升级，持续为客户创造价值，满足客户迭进需求。

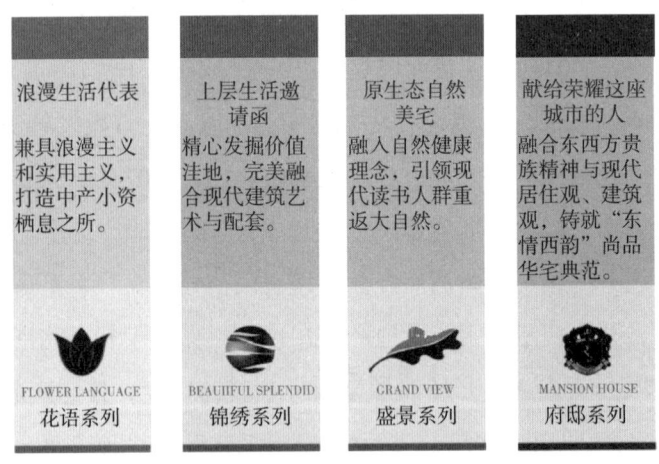

图2-13 荣盛发展四大产品体系

2.康旅板块

荣盛发展依托旅游地产开发，"五五"期间以"旅游、度假、养生、养老"四大产业为主，探索出了以"盛行天下"和"投资平衡法"为自身特色的盈利模式和发展路径，战略布局范围持续扩大，"6+N"区域布局初具规模,大北京、大上海实现多项目布局,并实现项目落子海外。未来"六五"期间,荣盛康旅将深入推广"盛行天下",让"一处置业,四季度假,旅居天下"的美好愿景成为现实。2021年开端,康旅行业依然充满前途莫测的焦虑,在诸多房企进退维谷时,荣盛康旅却逆势起飞,以"一品原乡"为新起点,以"合院"为代表,产品创新与迭代亮点突出。王牌IP"一品原乡",通过打造"回得去的田园",传承中国耕读文化,满足文人雅士、富裕人群"返儿时之趣乐、回自然之境地,遣乡愁、归初心,筑童趣乡野之桃源,造农耕自然之生活"的梦想。

图2-14 荣盛康旅金寨一品原乡

3.产业园板块

荣盛产业新城已形成较为成熟的两大产品主线:"产业新城"和"高铁新城"。"产业新城"按照"政府引导、企业运作、统一规划、分步实施"的政企合作理念,企业向项目公司投入注册资本金与项目开发资金,对合作区域进行投资开发和建设运营,推动区域从单一的生产型园区经济向生产、服务、消费等"多点支撑"的城市型经济转型,是当前荣盛产业新城主要的产品类型。"高铁新城"依托高铁对人口及资源的导入能力,重点发展总部基地、中央商务、高端居住及休闲服务配套,建设城市新区,并充分结合当地资源优势,打造城市形象新门户及区域发展新引擎。

4.物业板块

荣万家是荣盛发展基于对行业的深刻理解以及对新兴技术的不断追求，通过科技赋能，建设智慧社区，加大智能化系统的应用，结合移动互联网、大数据、人工智能等技术，自主研发了社区O2O服务App"米饭公社"和物业工作平台"米到家"，用"互联网+物业"的模式为业主提供全方位智能化社区生活服务，不仅有效地拓宽了增值服务的边界，也形成了更为丰富多元的发展模式。2021年初，荣万家成功登陆港交所挂牌上市。

二、典型项目案例

1.石家庄荣盛华府

荣盛华府是荣盛发展于棉三棉四原址之上匠心雕琢的一座象征城市荣耀的上层生活史诗力作。2016年、2017年，荣盛华府两度赢得石家庄单盘销冠称号。2018年，荣盛华府销售额突破百亿元。

荣盛华府雄踞省府经济主脉——和平路，矗立南北大动脉——体育大街，步行即达广安街CBD、北国先天下、北国商城，北接国家级正定新区。项目总投资约180亿元，总建筑面积约135万平方米，其中商业约48万平方米，住宅约53万平方米，规划瞰景高层及2.0低密洋房，致力于以深藏自然的资源占有、居住舒适的人文考量、奢求细节的建筑品质，构筑一座献给城市上层的

图2-15　石家庄荣盛华府

江南园林静谧家族府第，打造集居住、商业、购物、酒店、办公于一体的现代化国际城市生活圈。

中式建筑，现代演绎。恢宏的楼体、笔直的线条、典雅的飞檐，远瞰雄奇壮丽，韵致典雅，凝聚新中式建筑大成。荣盛华府采用基座、墙身、屋顶三段式造型，将现代生活流线与传统建筑精粹完美融合，并植入西式生活理念，更适合现代国人的居住习惯和心理需求。

江南园林，大隐之境。复刻留园、拙政园、狮子林等江南名园，于水资源稀贵的省府核心之地，斥巨资构筑水系环绕的江南园林。荣盛集萃20余年造园经验，将曲廊、敞轩、墙垣、山石、溪流等建筑元素及匾额、书画、雕刻等人文元素，植入约10万平方米江南园林之中，形成空间灵活多变、凸显景观价值的自然院落。

殿堂商业，城市地标。以1栋阿尔卡迪亚国际酒店为核心，缔造2大主题休闲购物中心、5栋高端写字楼、2栋精品商务公寓、1条商业风情步行街，人流、物流、财流将在这里高速汇聚，进一步升级和平路永恒地段价值，成就河北省新名片，缔造商务殿堂。

荣盛物管，尊崇服务。荣盛旗下国家一级物业资质、全国物业百强第24位——荣盛物业，为业主提供"全方位、一站式、全天候"专业物管服务，以24小时电子巡更、一体化门禁系统、智能电梯系统等十七重金牌物管服务体系，为业主和家人提供生活便利，实现圈层人士的豪华居住体验。

2.丽江·花溪星院

花溪星院作为荣盛康旅1号代表作品，以考究择址、精工匠造，完美延续品牌理念，充分贯彻集团"旅游、度假、养生、养老"的产品精神。

项目落址全球旅游胜地丽江文旅康养板块关键位置，北望玉龙雪山，南观文笔山风景区，东临青龙南路，西靠马鞍山，域内年均温度20℃，环境宜人、空气纯净，四季如春，拥有得天独厚的旅游资源，也是世界公认的最适合居住的黄金长寿地。另外，在便捷交通加持下，30分钟内可随意切换度假场景，从繁华古城到宁静白沙，也可领略从青山绿水至圣洁雪山的极致风光。

图2-16 丽江·花溪星院

项目总占地面积约620亩，由国际贝尔高林执笔，以5A级景区手法打造"项目是景区，建筑是景点"的50万平方米方世界心灵度假区。

项目集顶级景观设计团队、文化艺术大师之力，融丽江古城神韵，充分利用丽江得天独厚的山水资源，因地制宜，绘就"亭、坊、桥、溪、林、园"六重美景交织的浪漫诗意的度假空间，呈现一幅如诗似画的生活画卷。

项目集萃阿尔卡迪亚雪山度假酒店、国际康养中心、旅拍基地、天文体验、网红客栈等各种配套业态，营造全景全域沉浸式度假体验，完善的度假设施和度假体验种类，以及多种业主权益，成就涵盖"旅游、度假、康养"等全生命周期、全产业链的新型旅居度假生活方式。

荣盛发展以"创造财富、服务社会、培育人才、报效国家"为宗旨，以"追求卓越"为核心价值观，坚持"诚信、谦和、认真、苦干、拼搏、创新"企业精神，秉持"缔造新型生活"品牌理念，坚持以"客户导向"为原则，努力践行为崇尚新生活需要改善居住环境与条件、提高生活品质的消费者创造"绿色、健康、智慧"的新型生活方式。

第三章

城镇化进程加速，城市发展阔步向前

城市是经济、政治、科技、文化、教育的中心，是现代工业的集中地，也是商品流通的集散地，是社会化大生产的高密度载体。城市化进程即城市人口占全部人口比重不断增加的过程，是人类社会进步最主要的特征之一。房地产行业的发展是城市化进程的一个分支，但是因为与每个家庭乃至整个社会的关系十分密切和重大，因此在城市化进程中扮演着十分重要的角色，同时城市化进程也推动着房地产行业的发展。

改革开放以来，中国房地产市场逐步形成并不断成长，房地产行业已经成为国民经济重要的支柱产业，开启了中国城市化进程的新道路。房地产企业紧跟城镇化步伐，形成了"城市深耕—区域深耕—全国化扩张—聚焦城市群"的布局脉络。在城市内部布局上，房企跟随城市扩张路径，布局范围由核心区到近郊，再到旧城区和远郊。房地产企业的发展壮大也为我国城市发展作出积极贡献，促进了城市基础设施的完善、城市功能的增强、城市承载能力的加大和城市人居环境的改善，并将持续推动我国人中小城市和小城镇协调发展的格局构建。

第一节　大规模城乡人居迁徙，居民变市民

城镇化不仅涉及人口的迁移，还与社会转型、经济发展等诸多关系国计民生的重要社会和经济问题紧密相关。城镇化是我国现代化建设的历史任务，也是我国经济增长的支撑和引擎之一，其水平的高低直接影响到我国经济发展方式的转变路径。近年来，国家一直稳步推进城镇化，其中地产开发对促进城镇化进程发挥了至关重要的作用。

地产开发与城镇化具有相互促进的作用。四十多年来，我国经济高速发展，房地产开发商积极参与城市建设，通过建设高标准房屋满足居民各类住房需求，房地产业得到快速发展，推动了城镇化水平的提高。城市人口的增加会导致城市产业结构的变化和发展，进而引起工厂扩建、企业办公、服务行业等对房屋需求的增长，拉动房地产行业的发展。在满足生产性房地产需求外，居民生活方面也蕴藏大量的房地产开发需求，比如很多非住房消费的商业广场、休闲场所、度假区等，进一步推动房地产行业的发展。房地产开发对城镇化的影响主要分为两个方面，即土地城镇化和人口城镇化。土地城镇化是指农用地转变为城镇用地的过程，而人口城镇化是指农村人口迁移进入城镇成为城市居民的过程。

城镇化发展进程存在一定的规律。通过对发达国家的城镇化发展路径的跟踪，研究者们总结出了一些经验理论，如国内较为熟知的"诺瑟姆曲线"——把城镇化分成三个阶段：城镇化初始阶段（城镇化率低于30%），城镇化快速发展阶段（城镇化率30%~70%），城镇化稳定阶段（城镇化率在70%以上），发展过程形同一个被拉长的S曲线，韩国、日本、美国等国家的城镇化发展历程也基本验证了这一规律。

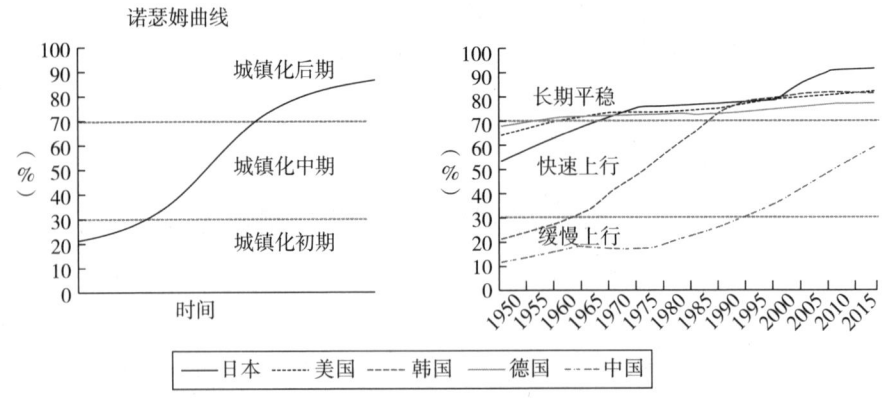

图3-1 城镇化"诺瑟姆曲线"示意图及部分国家城镇化率走势图

从国内城镇化进程来看，我国城镇化率在到达30%之前，城镇化进度较为缓慢，处于启动阶段：1981年城镇化率超过20%，至1996年方达30%，年平均提高0.69个百分点。城镇化率突破30%后，城镇化进程明显加快，进入快速发展阶段：1996年至2020年每年城镇化率提升幅度均在一个百分点以上。2020年我国城镇化率为63.89%，2021年我国城镇化率为64.72%，仍处于城镇化快速发展期，与美国、日本等发达国家超过80%的城镇化率相比，我国的城镇化率处于较低水平。预计未来在新型城镇化战略持续推进、农村土地制度改革及农业现代化体系逐步建立的背景下，我国城镇化提升幅度仍有空间，据《国家人口发展规划（2016—2030年）》预计，2030年我国城镇化率将达70%。

中国城镇化进程自1996年进入快速发展阶段。近年来，中国城镇化大致分为一二线核心城市快速发展、三四线城市轮动进入快速城市化、城市群和都市圈发展阶段三个阶段。房地产企业紧跟城镇化步伐，形成了"城市深耕—区域深耕—全国化扩张—聚焦城市群"的布局脉络，也反映出与城市化同步发展的轨迹。

1996—2003年，我国城市化率由30.48%提升至40.53%。在这一阶段，随着工业化快速发展，城市就业机会增加，农村人口大量涌入城市，城市人口快速增加、规模扩大，一二线城市在经济和社会发展中逐渐居于主导地位。处于经济快速发展阶段的一二线城市是本阶段房地产企业的布局重点，房地产企业凭借对重点城市需求的精准把握，创造销售奇迹，积累开发经验，培育核心竞争力。

2004—2008年，城市化率由41.76%增长至46.99%，城市化进程提速，房地产市场的发展达到阶段性高点。尤其是经济发达区域的重点一二线城市吸纳大量年轻就业人口，城市快速发展扩大，带来了巨量住房需求。大本营固于一地的市场已经不能满足房地产企业规模扩张的需求，较为规范的房地产市场为房企异地拓展扫清障碍，本阶段的房地产企业布局重点是区域深耕或异地拓展。拓展重点城市主要为大本营周边一二线城市或经济发达区域的重点一二线城市。

2009—2014年，城市化进一步扩围，城市化率由48.34%快速增长至

55.75%。此间大规模的基础设施投资和建设以及城市物理尺寸的扩张与膨胀带动了中国三四线城市发展，中国城镇体系格局撑开了网状骨架，房地产市场环境持续向好，市场需求旺盛，房地产企业开始快速扩张。乘三四线城市快速城镇化东风，房地产企业规模实现跨越式发展。

2015年至今，我国的城市化率逐渐接近65%，城镇化速度在超过一定水平后开始由加速增长时期进入减速增长阶段，集聚化、网络化发展是中国城市化空间格局变化的重要特征，以城市群促进区域经济发展已经成为国家和地方发展的共识。我国正推进以城市群为主体形态新型城镇化，长三角、珠三角、京津冀、成渝、长江中游五大城市群因其具有经济发展潜力和人口集聚优势，房地产市场更具发展空间，成为本阶段企业的布局重点，具有一定产业基础和人口集聚效应的中西部区域中心也成为企业的布局侧重点。同时，由于交通基础设施的快速建设，核心城市都市圈逐渐发展成熟，都市圈内的三四线城市区位优势凸显出来，受到企业的关注。

专栏3-1 雅生活集团：率先引入港式服务模式，做好城镇化发展的后勤保障

1992年，雅生活集团的前身——雅居乐物业管理服务有限公司在广东省中山市成立，并率先在大陆引入港式物业管理模式。港式物业以"细心周到"著称，并以建筑作为生活载体，为业主提供车辆保管、绿化养护、代订报刊、通报天气预报，乃至看护儿童和病人等日常生活服务，衍生出各种日常生活所需资源的整合平台，进而形成独特的港式生活方式。中山雅居乐花园作为1992年雅居乐首创花园小区的开山之作，位于三乡镇的中心地带，拥有大片优质绿茵，加上成熟的配套设备，这里始终洋溢着浓厚的人文艺术气息和幸福快乐的氛围。依托雅居乐地产的崛起和物业服务口碑的积累，雅生活集团之后连续接管中山多个项目，成为高端大盘物业管理的领跑者。2002年，随着广州雅居乐花园的盛大启幕，雅生活集团开始进军广州；在深耕珠三角城市群的同时，2006年，公司挥师北上，正式开启全国部署战略。2018年，雅生活集团正式在香港联合交易所主板挂牌交易，成功登陆香港资本市场，公司发展站上了新的起点。截至2020年6月30日，雅生活在管面积达5.29亿平方米，合约面积达7.06亿平方米，在管项目达4383个，覆盖全国31个省、直辖市和自治区共223个城市。

作为企业发展的一大标志性事件，2007年，雅生活集团进入海南清水湾项目，在海南政府与雅居乐共同建设陵水县清水湾项目中，雅生活集团提供了全域规划与全物业服务。在其十多年的开发中，无论基础物业服务还是交通建设、商业配套、旅游资源开发，都有雅生活集团的身影。雅生活集团在清水湾的服务范围覆盖24大住宅组团，城市道路16公里，城市绿化面积达173万平方米，城市清洁面积300万平方米，服务高端业户逾10万户。清水湾项目的服务团队达到2400人，从环卫、绿化、水体治理、景区管理、盛典筹办、市政设施维护到公共秩序维护、辅助执法服务、矛盾纠纷化解、应急事件处理、党群服务等方面提供了整体服务。

一、品质赋能现代生活,服务重塑社区链接

自成立以来,雅生活集团始终专注于提升服务品质,是豪宅服务专家、高端大盘服务专家以及旅游地产服务专家。经过近三十年沉淀,以住户居住品质为依归,为每位客户的雅致生活保驾护航。同时,雅生活集团20多年来坚持发展多元业务,用品质赋能现代生活,重构城市生活秩序,带来品质、高效的运营服务,梳理、化解城市化发展中的诸多问题。并且依托社区资源,雅生活集团围绕人、房、车、公共资源打造人文社区,孵化各类社区商业服务产品,切实解决业主痛点、难点需求,全方位构建业主美好生活服务场景。

二、"智"联家与社区,"智"造美好生活

在智慧社区领域,雅生活集团始终坚持"让生活更美好"的初心,依托丰富的物业管理经验和科研实力,应用IOT物联网技术,创新"雅智联超级云平台"和"雅智联1+N产品服务体系",全面布局智慧社区的神经网络,让每一个被链接的物拥有"视觉、听觉、触觉"。基于雅智联超级云平台和人工智能技术,雅生活集团正在逐步打造社区大脑,让社区更加聪明,生活更加

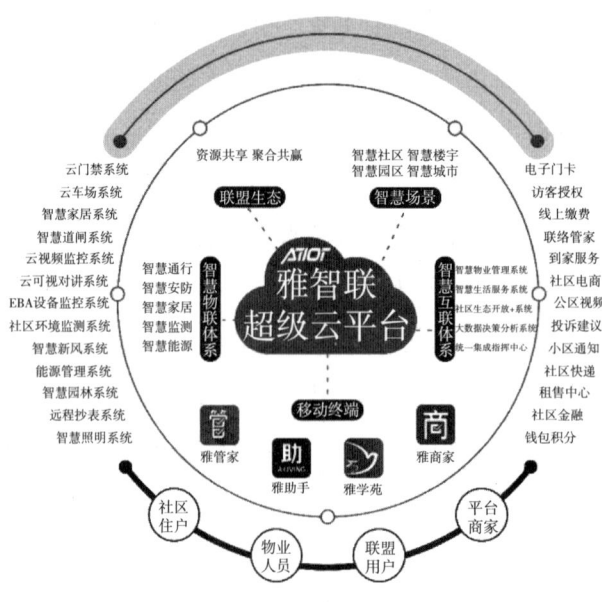

图3-2 雅智联超级云平台

便捷。同时通过应用现代先进通信技术，发力智联"人与人，物与物"的千亿级链接。

在雅生活集团服务的社区家庭里，业主们只需要启动智慧家居一键情景模式，打开家门即可享受智慧新生活。依赖定制的雅智联智慧家居解决方案，实现"家与社区"的"生态融合、社区物联、服务智联"。通过智慧社区物联系统和智慧物业管理系统，联动雅管家App（业主端）和雅助手App（物业端），打通居家、社区、物业全生态，为业主、物业、商家创造新价值，更为重要的是与社区智能设备无缝对接，将智能生活延伸至全社区。与物业服务的无缝对接，为业主生活带来更多的便捷。同时，雅生活集团正打造一项基于社区商业围绕社区物业场景的新兴产业，该产业将从TO B端、TO G端、TO C端的场景同时出发，在住宅社区领域场景，在产业园和CBD场景打造有温度的刚需服务。

三、打造优质宜居标杆——中山雅居乐花园

位于中山市三乡镇的中山雅居乐花园，管理面积超350万平方米，拥有23000多户，开发至今，已有29年历史。中山雅居乐花园从90年代起，便多次获得省市级绿色小区、宜居小区、卫生小区等多项荣誉，1995年更是获得了"全国优秀示范住宅小区"的称号。2018年获中山市物业管理示范项目、2019年获广东省物业管理示范项目。虽然是不折不扣的"老小区"，但物业人员也针对新旧区域的实际配置情况，逐步微调改造工程、升级换代设施设备，保持小区"历久弥新"。

中山雅居乐花园的大门，从最初的手动推拉铁门，换成了电动伸缩大门、升降道闸和车牌识别智能道闸，更新换代完成转变。走进小区，就能发现地库出入口已经升级防洪功能，露天车位井井有条，甚至老旧小区的停车位也被重新规划。来到大堂门禁处，从前只能靠钥匙才能打开的大门，现已逐步更新为依托于雅管家App的蓝牙门禁系统。进入楼层，老式的双联开关电源已经更换成人体红外感应开关，这是节能减排的重要举措。社区里的每一个细小变化可能不太起眼，但这些管理痕迹的沉淀都围绕着业主生活的方方面面，作用于社

区和谐发展的每个环节。

同时，在出行方面，雅生活集团也在不断为业主创造便利。在交通尚不发达的20世纪90年代，雅居乐为了创造更便利的生活条件，率先启动了雅居乐村专巴来服务业主。2018年5月，陪伴业主穿梭中山雅居乐花园的柴油巴士正式下岗，因为雅生活集团引进了零燃油、低能耗的电动巴士，用更环保的方式服务业主。

因当年技术局限，早期11个小区几乎未安装配置闭路监控设备，为与时俱进完善现场技术防控管理，工程维护部制订阶段性计划方案，对各组团小区的主要路口、关键部位逐步加装。至2021年2月为止，完成了各组团小区公共路面、大堂门口以及电梯轿厢总计432个摄像头的加装，为小区的安全管理提供了有力的技术辅助。为充分整合资源、开源节流，进一步规范集中管理监控系统，历时近一年，于2019年12月完成全部合并整改工程，实现了10个组团小区闭路监控、消防报警系统集中管控，优化工程成绩斐然。

30年来，中山雅居乐花园物业时刻专注于自身管理水平的提升。20世纪90年代起就在内部开展物业管理各专业口的技能竞赛，发展至今，雅生活内部的自查工作也毫不松懈，时刻保持高标准、严要求完善物业管理服务。

专栏3-2　保利物业:"大物业"时代服务民生,以国家力量促城市发展

保利物业,1996年6月在广州成立,是保利发展控股集团旗下控股子公司。致力于发展全业态管理的保利物业,管理服务的项目涵盖了居住物业、城市地标性写字楼、政府公建、城镇景区、产业园区、院校、医院等业态。服务内容包括物业管理、酒店管理、会议及展览服务、房地产中介服务、场地租赁(不含仓储)、家庭服务、建筑物清洁服务、园林绿化工程服务、房屋建筑工程施工、家具零售、室内装饰、装修、市政公用工程施工、物联网服务等。自1997年保利物业承接第一个住宅项目——广州保利红棉花园以来,历经25年发展,无论在服务项目数还是服务质量方面,均大幅度提升。截至2020年末,公司已进入全国29个省、直辖市与自治区的184个城市,在管面积超过3.8亿平方米,已成为物业行业规模和品质的领军者及标杆示范企业。未来在"大物业"发展战略的引领下,在国家十四五规划带来的全新发展机遇下,作为"大物业时代的国家力量",保利物业将全方位践行"善治善成,服务民生"的企业使命,为国家经济与民生福祉的新发展,书写物业服务的"软基建"价值。

一、规范物业标准,细化服务场景,输出"保利式"品质

自成立以来,保利物业始终坚持物业的本质就是服务。在服务初期,保利物业就非常重视标准化的建设,并不断探索出了场景化的服务标准,建立了一整套有自己特色的管理制度和服务标准体系,通过了ISO9001:2015质量管理体系、ISO14001:2015环境管理体系、OHSAS18001:2007职业健康安全管理等体系,坚持以严谨的工作作风,实行规范化管理和标准化服务。

保利物业的服务理念也经历了一个逐渐清晰、明确的过程,各个服务品牌的诞生,也见证了这些变迁。

"亲情和院":2010年,保利物业首次提出"亲情和院"住宅服务品牌,

倡导"院落式""亲情服务"的服务理念，并用十年时间逐渐完善了该服务品牌内涵及对应服务体系。2019年，"亲情和院"品牌全面升级，围绕"真、善、美、和"四位一体的服务体系，通过具有品牌特色的场景化服务、文化氛围建设，在社区中营造保利独有的亲情特质。

"东方礼遇"：2014年，伴随控股"天字系"高端住宅产品的开发，保利物业着手创立东方礼遇高端服务产品。结合6年多的高端服务实践经验，保利物业总结归纳出了一套能够面向未来、属于高端物业的产品发展思路。2020年，保利物业正式对外发布了东方礼遇升级后的"三位一体"产品体系：依托三环六重的安全体系，打造全域安全、"专属管家+礼遇生活官"的双管家配置，"四节八礼"的社区文化打造；以及"通情·达礼"的服务主张，强调服务的文化性、文化的服务性，构筑信赖、尊崇、人文的高端社区。多年来保利物业通过服务产品有效落地，场景化的服务方式促成了基础服务品质的整体提高。保利物业在全国的"东方礼遇"项目，推广了一项叫作"百米安全归家"的场景化服务，目的是护送夜间酒后归家的业主平安到家。这个看似简单的场景，用服务语言来讲，需要被分解成"巡逻加强—门岗识别—陪同护送—后续问候"四个更小的动作，进而涉及4个岗位的沟通调动，以及7个空间的规划链接。同样的安全需求，保利物业提供更高密度、更多层次的全域安全服务。

二、整合优势资源，打造全价值服务生态圈

作为行业龙头企业，保利物业在稳步提升基础服务品质的同时，始终寻找着一条通往更美好生活的道路。为满足业主个性化需求，保利物业深入拓宽各渠道增值服务范围，发展"新商业"，充分结合多元服务、大物业战略、人文基因、业态全面、优质业主五大特色优势和品牌禀赋，分化出180多个产业生态，并最终组建成14大垂直领域的盈和生态服务管理体系，重点孵化零售、美居、家政、社媒四大核心产业，携手产业链中各合作伙伴，共建全价值服务生态圈，让生活更轻，让心更近。同时，保利物业将业主增值服务与服务进行深度结合。基于业主"衣食住行健康"五大基本需求，提供恰到好处的场景化服务，联同线上小程序，24小时不间断服务接力，在实现随需而动的体验之中，完成增值服务的推广落地。

三、颠覆传统，重构技术，领航智慧物业时代

伴随着国家数字化建设和发展的步伐，保利物业基于客户洞察，开始在服务中引入智慧科技应用。从社区的局部设备升级，到小区的综合物联网系统，最终构建一个基于大规模信息智能处理的新形态社区——智慧城镇，保利物业形成了一套具有自身特色的"点—线—面"智慧化发展路径。

"点"：2000年，保利物业开始进行数字化建设，在住宅社区引入了RFID门禁、门铃可视通话和数字化停车等智慧化工具。

"线"：随着时间的推移，基础的数字化运用已经不能满足业主日益增长的需求，大数据的庞杂也提升了物业管理的难度，于是保利物业智慧化服务"线"时代应运而生，物联网便是这个时代最鲜明的特征和产物。

"面"：居民的生活不只在小区里，随着物联网技术的不断发展，小区围栏也不能再简单定义智慧物业服务的边界。保利物业正从智慧社区逐步迈向智慧化服务的"面"时代——智慧城镇。保利物业依托物联网、5G网络和大数据技术，深入地应用到居民社会生活中，提高对政府、居民的服务能力。

四、不忘初心，牢记使命，红色时代的软基建力量

拥有央企基因的保利物业，也是大物业时代的国家力量和软基建担当。"后疫情"时代，基于政府对物业融入基层治理的迫切需求，保利物业勇担红色物业先行者的责任，创新全域服务治理模式，提出以党建为引领的、可复制的红色物业之路——保利"星火模式"，并推出能覆盖全业态的星火4P体系。

1.一面旗帜

多元共治：以党建为引领，以国家战略为使命，联动队伍搭建"一核多元"治理，营造更透明的共建共治共享和谐社区、更稳定的社会基层治理、更具凝聚力的企业共商共建共享文化。

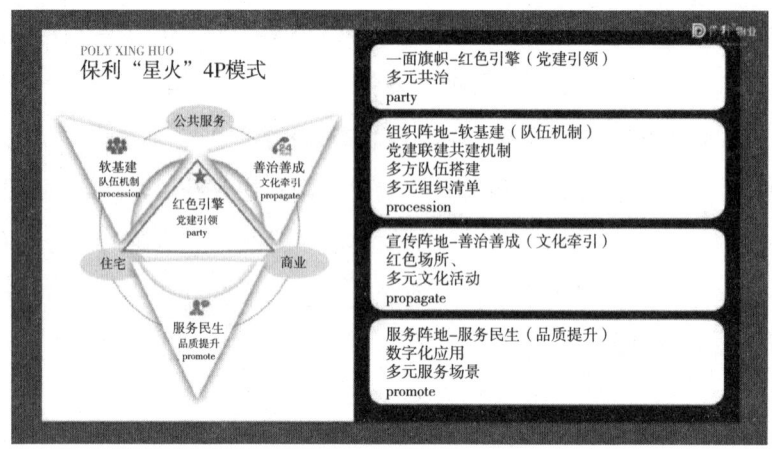

图3-3 保利物业"星火"4P模式

2.三个阵地

（1）组织阵地

党建联建共建机制，搭建联系政府、业主、物业三方"民主协商议事"的桥梁。

多方队伍搭建：联合多方力量打造不同角色功能的队伍，将自治理念践行在群众心中，延伸到每一个角落。

多元组织清单：从安全、文化、协同方面，稳定多元社会组织。

（2）宣传阵地

红色场所：打造党建引领的红色场所，为群众营造集文化精神和功能性于一体的红色空间。

多元文化活动：结合节假日和重要时点、紧抓一老一小关键人员，打造贴心服务和多元文化，丰富社区文化氛围，打造文明小区。

（3）服务阵地

数字化应用：信息化手段提高物业服务质量公开速度，体现群众监督功能，群众、物业和政府及时沟通，就事调解、即时解决。

多元化服务场景：围绕群众最关注的基础服务保障，结合服务内容，进行场景化的开发和落地，并不断提升服务品质。

通过"党建+服务"体系化运营，保利物业开辟了一条可复制的红色物业之路，从"星火社区"到"星火街区"。保利物业红色物业建设随着"大物业"战略的横向与纵向立体发展，拥有了更为广阔的空间，而大物业的生态平台，也为红色物业的发展提供了开放理念和生态资源。通过党建引领的物业品质服务，保利物业真正与居民、客户、政府站在一起，实现民生生活的共建共治共享、助力基层社区治理，成为民生福祉的柔性保障力量。

专栏3-3　恒大物业：做好管家，在快速城镇化中探索新服务

恒大物业，前身为金碧物业，于1997年在广州成立。2002年，广州市金碧花园成为金碧物业第一个荣获"全国物业管理示范住宅小区"称号的项目。次年，接管广州金碧华府项目，金碧物业正式进军高端物业服务领域。2016年，公司开展全面提升物业服务品质活动，开创"品质元年"；同年，合约面积突破两亿平方米。2020年，恒大物业引入中信资本、腾讯控股、云锋基金及红杉资本等一批战略投资者，是物业服务企业有史以来最大规模的股权融资。同年底，恒大物业在香港联交所主板正式挂牌上市。凭借高品质的物业服务，管理规模、城市覆盖数、经营业绩增长等多项指标位列行业前茅，截至2021年6月30日，恒大物业在管项目遍布全国317个主要城市，合约面积8.1亿平方米，在管面积4.5亿平方米，服务涵盖住宅、商写、产业园，以及政府大楼、高铁、机场等城市管理全业态。

一、贴心服务，真诚相伴，以服务品质铸造人文社区

自成立至今，恒大物业不断提高服务标准，完善服务品质。2007年，恒大物业获得OHSAS18001国际职业健康与安全管理体系认证。同时，公司凭借丰富的管理和服务经验，建立了独有的标准化运营体系，包括管理架构、人员配置、管理制度、业务流程、服务监督、人才培养、SaaS管理平台等标准化体系，确保快速管理复制、高品质服务输出，缔造标杆服务品牌。恒大物业始终以客户需求为导向，以客户满意为目标，倡导"贴心服务、真诚相伴"的人性化服务理念，始终牢记"急客户所急，想客户所想，全心全意为客户服务"的质量方针，执行"过程与结果双满意"的工作宗旨，坚持规模化发展、标准化运营、专业化服务、智能化管理，为客户提供高质量的物业管理服务、社区增值服务及非业主增值服务。

二、用科技打造全生态、全场景智慧服务链

恒大物业紧跟时代步伐，加大智能化建设投入，通过与科技龙头企业合

作,构建完善的智慧物业管理服务体系,包括智慧生活、智慧园区及智慧管理,搭建恒大物业ERP系统和恒大智慧社区App,实现社区安全、车辆人行、物业服务等管理智能化,同时融合线上线下服务,构建线上线下生活服务圈,满足居民多样化生活服务需求,显著提升服务品质,并促进公司管理实现降本增效。

智慧生活。公司现已研发恒大智慧社区App,全国范围整合上线了大量优质生活服务资源,包括生活缴费、智慧充电、社区团购、货运搬家、家政服务等,通过产品迭代及不断丰富服务内容,满足住户多样化需求。

智慧园区。建设包括智慧通行、园区监控、周界预警、信息发布、指挥调度大屏等物联网系统平台,基本覆盖各类物业服务场景,并形成一套完善的智慧园区整体方案。

智慧管理。公司建成完善的ERP体系,包括收费管理、在线客服、派工管理、服务监督、资产管理等业务模块,通过科技手段完善公司标准化运营体系,移动办公、智能监控等方式显著提高工作效率。

2021年,恒大物业又与腾讯强强联手,携手打造开放性的物业科技平台——微物云,整合腾讯在云计算、AI、大数据、物联网等方面的能力及C2B优势,打造物业科技平台,助力传统物业从空间、资产的运营升级到社区用户的数字化运营,构建多元化、多层次的用户服务。微物云科技平台将集成智慧物业SaaS系统、空间物联网和用户运营服务三大板块,帮助传统物业公司扩大服务内容、提升数字化水平,为业主提供更智能、更优质的人居体验。

三、以身作则,以红为傲,矢志成为社区治理的基础力量

恒大物业一直以来高度重视党组织建设,在全国310个城市,超2300个项目积极地建立了基层党支部或党群办公室,健全支部内部规章制度,开展"三会一课""支部主题党日"等党建活动,并与各地区街道、社区党组织积极联动,广泛协助参与基层社会治理,全面推进"红色物业"建设。同时,公司结合"扩充党员大学生"计划,专门制定《红色物业大学生培养计划》,

实行七大业务线条轮岗并设立"双导师"进行培养,重在选聘思想政治素质好、学历层次高、业务能力强的党员大学生从事物业管理工作,并将表现优秀的大学生优先培养入党。此外,恒大物业响应政府号召,积极参与公益事业与社区扶贫活动,如高效落实贫困人群培训、就业等帮扶措施,且积极参与消费扶贫行动,充分利用专业物业服务优势,对各项目周边老旧小区开展保洁、保修和志愿服务等活动,积极参与街道文明社区创建工作,充分展示了市场化物业服务企业自觉承担社会责任、全面履行共建义务的企业风范。

四、打造优质宜居标杆——东莞恒大御景苑

东莞恒大御景苑于2016年11月首期交楼,2017年7月30日封园,目前入住率约90%,共有近2200户。项目按照集团的规范化作业要求,高起点、高标准、严要求,为每一位业主提供物管贴心服务,全面提升业主的生活品质。

图3-4　东莞恒大御景苑

2018年,恒大御景苑成为恒大集团智慧社区试点项目,运用物联网、云计算、大数据等技术,开发了小区平台、监控大屏、业主App、智能手持终端App、智能停车场系统、人行道闸、车闸、可视对讲门禁、梯控、信息显示屏、视频监控、广播系统等子系统和设备,提升物业智慧管理服务水平。智慧物业解决方案将移动互联网及物联网统一结合,以社区网、统一通信、数字安防、呼叫中心为基础,构建智能物业服务平台,实现智能楼宇、智慧社区服务,改变传统服务模式,实现物业服务转型升级,降低物业服务成本,改变业主生活体验,引领社区生活方式的蝶变。

图3-5 恒大御景苑智慧管理系统

2021年,项目增加了商汤科技智慧空间运营AI赋能平台,为小区管理提供重要事件的主动预警、自动派单到线下处理的完整业务闭环,提高作业效率,降低管理成本。"AI+物业"让传统的被动信息接收升级为主动管理,平台可主动管理超31个场景,从"人找事"变为"事找人",实现降本提质增效,革新传统的物业管理模式、管理流程。

第二节　住房条件明显改善，"蜗居"到"住有所居"

1978年10月19日，国务院批准国家建委起草的《关于加快城市住宅建设的报告》显示，据1977年底统计，全国190个城市平均每人居住面积仅为3.6平方米，比解放初期的4.5平方米下降0.9平方米。全国城市中，缺房户共323万户，占居民总户数的17%，其中夫妇不能同居，或住教室、车间、仓库、办公室等的无房户达104万户；二户同室、三代同室、平均每人居住面积不足2平方米的拥挤户达89万户。报告同时指出，上海市还有棚户500万平方米，住着100多万人，广州市有3000多户"水上居民"没有上岸，哈尔滨的"三十六棚""十八拐"，青岛的"菜市场"，西安的"豫民巷"，北京的"南营房""北营房"等地方，居住条件十分恶劣，人民群众住房改善需求迫切。

改革开放以来，中国房地产市场逐步形成并不断成长，不仅房地产行业已经成为国民经济重要的支柱产业，也使得人民群众的住房条件明显改善，纷纷告别漏屋危楼，入住舒适整洁楼房，从"蜗居"到"住有所居"。

改革开放四十余年住房最大的变化莫过于住房改革制度带来的影响。从1978年城镇居民人均住房建筑面积仅为6.7平方米，到现在人均住宅40平方米左右，其中不仅仅是人们居住条件的改善，更是整个房地产行业的发展过程。实现人民群众"住有所居"，除了住房制度的改革，也离不开住房保障制度的日趋完善。从1994年我国提出建立经济适用房的保障房体系以来，我国保障房政策的发展经历了六个阶段：保障房建设提出、保障房体系初步确立、保障房建设缺位、保障房建设回归、加大保障房建设和保障房模式创新，即

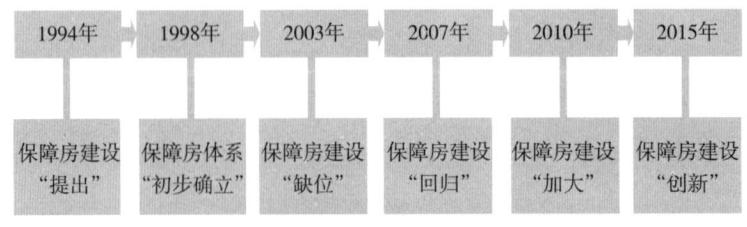

图3-6　我国保障房政策变迁历程

走过了由"提出"到"确立",经历了"缺位",到"回归",到"加大",再到"创新"的一个曲折发展过程。

1994年,福利分房转向住房货币化,首次提出经济适用房保障房体系。当年7月,国务院颁布的《关于深化城镇住房制度改革的决定》指出,把住房以实物福利分配的方式改变为以按劳分配为主的货币工资分配方式;建立以中低收入家庭为对象、具有社会保障性质的经济适用住房供应体系和以高收入家庭为对象的商品房供应体系。该政策提出了建立经济适用房的保障房体系。1998年,国务院发布《关于进一步深化城镇住房制度改革加快住房建设的通知》指出,停止住房实物分配,逐步实行住房分配货币化,对不同收入家庭实行不同的住房供应政策,住房货币化迈出实质性步伐,初步确立了以经济适用房为主的多层次住房供应体系。2003年,国务院18号文把房地产业作为拉动经济增长的支柱性产业,普通商品房取代经济适用房作为市场的供应主体。随后的几年,住房供应过度市场化,在一定程度上导致了保障性住房的建设和供应不足,以至于住房供应中保障房缺位,商品房市场供求矛盾愈发突出。

2007年,国务院颁布《关于解决城市低收入家庭住房困难的若干意见》,提出"进一步建立健全城市廉租住房制度,改进和规范经济适用住房制度,加大棚户区、旧住宅区改造力度"。该政策标志着加快建立健全以廉租住房制度为重点、多渠道解决城市低收入家庭住房困难的政策体系的开始,房地产政策重点重回保障房,保障房建设重新受到重视。2010年,开始加大保障房建设。2010年,国务院发布《关于坚决遏制部分城市房价过快上涨的通知》(国发〔2010〕10号),指出加快保障性安居工程建设,确保计划580万套保障房开工建设,当年实际开工590万套。2015年至今,保障性住房建设积极创新,公租房建设引入社会资本进行合作,部分城市开展共有产权住房试点。2021年3月,"十四五"规划纲要出炉,提出加快建立多主体供给、多渠道保障、租购并举的住房制度,让全体人民住有所居、职住平衡。在租赁市场上,加快培育和发展住房租赁市场,有效盘活存量住房资源,有力有序地扩大城市租赁住房供给，完善长租房政策，逐步使租购住房在享受公共服务上具有同等权利。有效增加保障性住房供给，完善住房保障基础性制度和支持政策。以人口流入多、房价高的城市为重点，扩大保障性租赁住房供给，着力解决困难群体和新市民住房问题。

同时，房地产企业以优秀的产品打造能力，不断满足居民的居住需求。房企不断创新求变，从单一产品到产品线，再到产品生态，尽显企业鲜活的品牌质地和灵魂，形成了具有时代特色的产品演进历史，也构成了中国房地产行业发展史的重要组成部分。

随着居民消费群体从50后、60后、70后、80后到90后，房企的产品理念也完成了从品质到价值的不断飞跃。没有完美的产品，只有不断满足客户需求的产品。总结中国房地产产品的发展阶段，大致可以分为以下几个阶段。

1. 摸着石头过河，产品以实用为主

改革开放以来，在住房市场化改革大背景和信贷政策支持下，中国房地产逐步走向市场化，房企开始登上时代舞台。在起步阶段，国内房地产市场还是一片尚未开垦的处女地，地产开发尚无先例可循，房企担负着行业"摸着石头过河"的重任。

这一时期，产品以实用为主，区域特色明显。住房制度变革宣布了以居住为核心的福利房形态的改变，商品房开始注重空间增加、卧室与客厅的功能独立等功能性改进，注重产品的实用性能。1990年，万科第一个住宅房地产项目深圳天景花园竣工，主要特点是明窗大户，户内有明显的卧室与客厅的分区配置，客厅配置较大的活动空间和窗户，有带窗的阳台，采光好，南北通透。2003年前后，沿海在全国拥有丽水佳园、丽水华庭、丽水豪庭等众多品牌项目，中海地产业开发了中海华庭、中海名都、中海康城等众多项目品牌。

2. 规模扩张，产品特色成型

"831大限"后，土地走向市场化，区域壁垒被逐渐打破，激发了房地产市场广阔的发展空间，土地市场化开启了房企全国化扩张步伐。

这一阶段，企业的品牌意识被唤醒，企业独特的产品精神逐渐形成。由单个项目向产品线演进，逐渐形成具有企业特色的产品体系。中海强调"过程"精品，在市场中稳固树立精品特色；招商地产以"筑造温馨的家、建设温情和谐的社会"为使命；绿地深入挖掘和探索建筑文化与居家理念，力推"老街"和"新里"两大品牌，成功地将绿地的品牌形象推向地产界的前沿；华润置地致力于在中国内地提供高品质的楼宇产品和服务，实施差异化的产品设计和综合服务；金科作为"中国住宅产品专家"，坚持"产品创新、细节管理"的品牌特色，"好牌子、好房子、好管家"是"金科企业、金科产品、金科服务""品牌三角"结构的重要组成部分。

3.千亿房企诞生，产品系列化、标准化

2008年金融危机后，国际量化宽松政策及国内4万亿刺激计划推出，房价呈现趋势性上涨，政府调控政策密集出台，与市场的博弈更加频繁。自2010年万科取得1081.6亿元销售额后，百强企业第一梯队进入千亿时代。

异地扩张和规模化发展直接带来了产品标准化和体系化。针对不同城市、客户群体以及资源禀赋而形成的特色产品逐步为产品体系搭建创造了条件，产品标准化的全面展开成为企业加速扩张的利器。随着竞争的持续加剧，房企纷纷启动"提质增效"策略，加快内部流程、管理以及产品体系的标准化进程。2009年以来，万科率先采用"三级管理架构"提高运营效率，率先进行产品标准化的尝试，基本建立健全包含产品库、风格、精装修、景观、性能等全方位标准化的产品体系，提供适应企业规模发展、具有更高性价比的产品，并打造了金色家园、城市花园、四季花城、金域蓝湾等多个产品系列；保利打造了百合、花园、香槟、心语、康桥等多个产品系列；恒大的金碧系列、绿洲系列，金地集团的格林系列、国际系列，富力地产的富力桃园、富力城系列，沿海绿色家园的赛洛城系列、丽水系列等均在全国多个城市成功复制，成为推动企业规模化发展的重要动力。

4. 竞争白热化，产品走向"核"价值

2015年以来，房地产调控政策从去库存和信贷宽松走向"四限"扩围和信贷紧缩，市场进入结构性需求饱和与分化加剧的白银时代。在此背景下，房地产成交量进入高位盘整期，产品的定位从满足基本居住向满足人们精神、情感、体验深层次美好生活需求的"核"价值转变。

房地产行业从黄金时代到白银时代，产品从大盘开发到用户思维，从满足居住到满足生活价值，产品结构和功能也发生着变化。一方面，总体来看，产品结构日趋偏向改善型、品质型；另一方面，产品功能日趋满足人们深层次需求，体现用户生活和文化价值趋向。

其一，产品结构：从简单居住到空间价值交互升级。

房地产与人口紧密相关，人口的规模和结构直接影响着城市未来房地产市场的规模及产品结构，未来人口的增长模式、年龄结构和地域分布均影响着房地产市场的发展态势。

一方面，人口年龄结构变化将激发需求的变化。根据第七次全国人口普查数据，全国人口中0~14岁人口占18.0%，15~64岁人口占68.6%，65岁及以上人口占13.5%。与2010年第六次全国人口普查相比，0~14岁人口的比重上升1.4个百分点；15~64岁人口的比重下降5.9个百分点。由于我国人口总数较大，劳动力总量仍处于较充足状态；65岁及以上人口的比重上升4.6个百分点，相较于联合国指定的老龄化人口占比7%的警戒线，全国多数省市人口结构进入了老龄化社会。但人口老龄化同时也将促进"银发经济"的发展，未来养老产业发展潜力较大，但短期来看，受制于养老观念、养老产品等因素，养老地产步入快速发展通道尚需时日。

另一方面，家庭户规模呈现持续缩小态势。根据第七次全国人口普查数据，全国共有家庭户4.94亿户，较2010年增长近23%，家庭户人口合计近12.93亿人，平均每个家庭户的人口为2.62人，比2010年第六次全国人口普查的3.10人减少0.48人。未来随着城镇化进一步推进，家庭户规模或将持续

缩小。同时，人口不断向大城市聚集，东部核心城市群以及中西部核心城市成为人口最主要的聚集地，给未来房地产市场的发展提供了更大的需求空间。综合来看，人口的加速流动和家庭小型化同时催生新的小户型购房需求，这对一二线城市的影响程度或将高于三四线城市。

  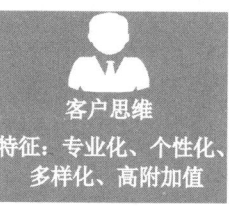 

大盘开发	产品思维	客户思维	用户思维
特征：大面积、低成本、慢周转、高收益	特征：高质量、标准化、快周转	特征：专业化、个性化、多样化、高附加值	特征：互联网、智能化、全周期、认同感
万科：四季花城 **中海**：寰宇天下 **碧桂园**：华南碧桂园 **恒大**：金碧天下 **卓越**：蔚蓝海岸 **雅居乐**：雅居乐花园 **合生创展**：华南新城	**万科**：2001年定位城市住宅开发商，打造城花、四季、金色、高档四个产品线 **保利**：康桥系、公馆系、林语系、香槟系、花语系等产品系列 **金地**：褐石、名仕、天境、世家四大系列	**绿城**：桃李春风项目营造五种特色一体的理想空间，建设完善养老和居住的功能与服务体系 **龙湖**：天街系以"满足消费者需求"为理念，打造"精致丰富、温暖人心、总有惊喜、变化成长"全家庭生活平台	**万科**：无限系，提供全周期居住解决方案 **保利**：推出全生命周期居住系统，结合互联网与智能化涵盖从建筑到居家，从硬件到服务，从少儿到老年的所有需求

图3-7　房地产企业产品功能性变迁

此外，2021年中央政治局会议审议《关于优化生育政策促进人口长期均衡发展的决定》，指出将进一步优化生育政策，实施一对夫妻可以生育三个子女政策及配套支持措施。"三孩"政策的发布将在一定程度上带动新生人口的阶段性增长，而新增的人口数量将增加各城市的住房需求。同时，从住房需求结构来看，"三孩"的出生将促进大户型住房的需求释放，但受生育成本和生育观念的影响，"三孩"政策对三四线城市人口的影响或要胜于一二线城市，三四线城市未来的产品结构或需进一步向大户型倾斜。

其二，产品功能：从基本需要满足到用户深层次满足。

房企产品打造最初以大盘开发、产品思维为主，注重明星产品打造。通过保障高质量、营造优美景观环境等，房企树立起产品力和影响力。如曾享誉全国的万科四季花城、中海寰宇天下、碧桂园超级大盘、恒大金碧天下等项目，这些品质盘为百强房企发展壮大构建了基本立足点。而打造系列产品线则将房企的产品优势迅速应用到各个细分市场和全国市场，遍地开花的高品质项目带动全国住宅产品品质的提升。

伴随消费水平提升和人居价值升级，产品功能向"以人为本"不断进化，核心表现为向"客户思维"和"用户思维"的升级。其中，"客户思维"使住宅产品在居住需求上叠加了物业服务、文旅休闲、健康养老等产业链增值性服务配套，而"用户思维"则打造了在互联网、物联网、人工智能等新科技催化下，融合客户、服务、共享等新生活方式的居住新生态。如保利推出的全生命周期居住系统，包括和悦系全生命周期住宅、社区商业服务、社区物业服务、健康养老、少儿艺术教育五大部分，涵盖了从建筑到居家，从硬件设施到社区服务，从少儿到老年的全生命周期所有需求，适应家庭各阶段的变化。

产品天生具有硬件与软件、自然与人工、规范与美学等交叉互融特点，与社会经济发展阶段、人文风俗、地理位置等息息相关。随着国民经济增长及居民消费结构升级，房地产产品已经脱离居住范畴，向更加精神化的自我实现阶段进发，形成了多层次多结构产品需求时代。目前"美好生活"成为企业新时代战略调整的重要方向，房地产企业通过产品战略引领、产品升级、服务优化和资源整合升级，打造前瞻性的产品、服务、运营与管理，实现企业高质量发展。

专栏3-4　金隅集团：巩旧拓新，缔造一体化的核心产业链优势

北京金隅集团股份有限公司（简称"金隅集团"）成立于2005年12月，是一家以"水泥及混凝土—新型建材与商贸物流—房地产开发—地产与物业"为核心产业链的大型国有控股产业集团。金隅集团于2009年7月在香港联交所上市，商品房开发项目始终坚持"人性为本、创造精品、热情服务、科学管理"的质量方针，坚持走品牌化发展的道路，以精品创品牌，以创新求发展。

自成立以来，金隅集团充分利用自身独特的资源优势，以建筑材料制造为主业，纵向延伸出房地产开发、物业投资及管理等产业，逐步发展成以"新型绿色环保建材制造、贸易及服务、房地产开发经营、物业管理"为主业的大型国有控股产业集团和A+H整体上市公司，形成中国大型建材生产企业中独一无二的纵向一体化产业链结构。

公司商品房开发项目始终坚持"人性为本、创造精品、热情服务、科学管理"的质量方针，坚持走品牌化发展的道路，以精品创品牌，以创新求发展。经过多年探索实践，公司先后开发建设房地产项目约170个，总建筑规模3000多万平方米，项目布局已覆盖北京、上海、天津、重庆、杭州、南京、成都、合肥、海口、常州等16个城市，形成了"立足北京、辐射京津冀、长三角、成渝经济区三大经济圈"的全国化开发格局。开发产品结构涵盖了普通商品住宅、高档别墅、商业地产、产业地产等多类型业态，具备多品类房地产项目综合开发的能力。

一、战略规划

金隅集团全面推动落实"十四五"发展规划，践行"四个发展"战略理念，服务北京"四个中心"建设，提升"四个服务"水平，彰显首都国企价值。公司坚守核心主业，持续做强做优做大"大建材"和"大房地产"业务，培育新型创新产业。以内涵式发展与外延式扩张相结合，围绕产业链协同做

好内外部资源有效整合,构建安全产业链供应链,促进产业全面协同发展。

1.深化供给侧结构性改革,服务京津冀协同发展

顺应京津冀协同发展和供给侧结构性改革的国家战略和政策导向,围绕高质量发展目标,持续深化战略重组和内部整合等重大改革成果,持续优化京津冀区域战略布局,打造产业协同发展示范园区,巩固区域价值高地,将重组形成的资源聚合优势转化为市场竞争优势和实际发展效益,持续服务京津冀协同发展。

2.深化纵向一体化核心产业链,打造新时代产业体系

金隅集团依托新型绿色环保建材制造业发展积累的优势,向房地产开发领域延伸,并注重业务拓展和产业提升,向贸易及服务、高端物业管理等现代服务业领域发展。同时,利用疏解腾退的老旧工业厂区土地资源建设高科技创新产业园区,提升土地资源价值,打造产业发展示范基地,服务高精尖产业。此外,公司借助装备制造业的产业优势,在服务水泥行业装备需求的同时,向着高端智能装备领域延伸发展,深化纵向一体化核心产业链,打造新时代产业体系。

金隅集团各项产业之间互为支撑、相互促进,继续巩固和深化纵向一体化核心产业链。公司发挥房地产开发产业资金量大、产品需求量大的特点,以市场化方式带动以水泥为主的新型绿色环保建材产品的应用以及设计、装修、物业管理等相关产业的发展;新型绿色环保建材制造、投资物业服务产业通过充分发挥品牌、管理、技术等方面的优势,增强房地产开发项目的产品力、服务力、价值提升能力。同时,房地产开发产业借助新型绿色环保建材制造产业在"走出去"战略的实施中所积累的各种资源和优势,开疆拓土、优化核心布局,挺进目标区域市场。

3.创新融资管理,拓展融资渠道,实现产业资本与金融资本有机融合

为支持并促进各项主业发展,公司加大推进与金融机构的合作力度,创新融资方式,拓展融资渠道,降低融资成本。金隅集团借助集团下属北京金隅财务公司和金隅融资租赁公司为公司整体资金运营效率的提高、融资渠道

的扩宽、资金风险的防范搭建资本平台，实现产业资本与金融资本的有机融合，为公司的健康可持续发展不断夯实金融基础。2021年金隅集团新增融资成本同比降低13个基点，融资结构合理，长期融资占比76.64%。

二、业务体系及区域布局

1. 业务体系

金隅集团以"新型绿色环保建材制造、贸易及服务、房地产开发经营、物业管理"为核心产业。近年来，金隅集团在不断巩固核心业务优势的基础上，努力开展新型业态培育，并成功进入科创地产、产业地产等多领域。持续横向纵向延伸拓展全产业链规模化、集成化发展。各产业不断形成各自有核心竞争力的适应新消费需求的产业链条。

图3-8 金隅集团业务体系

房地产开发业务方面，金隅集团耕耘房地产开发建设30多年，具备多品类房地产项目综合开发的能力，综合实力位居全国同行业前列，连续多年荣获中国房地产百强企业等荣誉，是质量信誉、信用等级AAA级企业，在行业内拥有较高的影响力和品牌知名度。公司先后开发建设房地产项目约170个，总建筑规模达3000多万平方米，总资产规模达1500多亿元，年开复工规模800多万平方米，年销售收入500亿元。截至2021年底已进入北京、上海、天津、重庆、杭州、南京、成都、合肥、青岛、唐山、海口、常州等16个城市，形成了"立足北京、辐射京津冀、长三角、成渝经济区三大经济圈"的全国化开发格局。

物业管理方面,金隅集团是北京地区最大、业态最丰富的投资性物业持有者与管理者之一,目前在北京及天津持有的高档写字楼、商业、产业园区等投资物业面积近175万平方米,其中在北京核心区的高档投资性物业110万平方米;京内外物业管理面积(包括住宅小区和底商)约1600万平方米,专业化能力、品牌知名度、出租率和收益水平多年保持北京乃至全国业内领先水平。

2.区域布局及土地储备

土地储备方面,金隅集团坚持量入为出,审慎投资,在深耕北京市场的同时,不断聚焦一二线热点城市,并积极加速产业转型升级,向高新技术、绿色可持续发展、现代物业服务、产融结合等领域发展。2021年,金隅集团优化布局,在深耕已进入城市的同时新进一城,全年累计取得9宗土地开发权,截至2021年末,公司拥有土地储备总面积696.76万平方米,为房地产板块持续发展提供了有力支撑。

三、运营管理

金隅集团围绕深化管理体制机制改革落地,成立金隅地产集团,下设若干城市公司,形成了金隅集团地产板块的三级管理,并按照压缩管理层次到四级的目标,通过对所属企业管理层级、股权层级、行政级别及党组织层级等进行全面梳理优化,逐步建立分类授权的管控体系,使权责利更加匹配,整体管控更加科学有效。

金隅地产集团按照"突出主业、强化专业"的发展思路,从公司管理、人才引进、营销管理、工程建设标准化及物业服务等方面,着力打造专业化团队,不断提升项目运营效率,初步构建专业化管控平台,统一调配人力资源、管控项目拓展、管理融资和调动资金,形成权责明确、管控有力、运转有序的体制机制。同时,金隅集团通过持续完善员工薪酬福利制度,构建公平且具有市场竞争力的薪酬体系,激励员工不断提高个人能力和绩效,为保持公司持续强劲发展起到了积极的促进作用。

在开发业务领域，金隅地产围绕市场、客户需求调整战略，逐步丰富产品线，将产品线从只做住宅变为以住宅为核心，写字楼办公和商业体等为辅助的综合产品链条。同时，加强对国家宏观经济政策准确研判，不断增强忧患意识、机遇意识、产业协同意识和发展意识，充分发挥公司规模优势、区域优势、品牌优势和国企改革优势，灵活应对各种挑战。

四、品牌资源

金隅集团坚持多元化的发展理念，通过整合各类新媒体资源，加大企业品牌宣传力度。金隅集团通过与华铁传媒集团联手，开启了媒企现代品牌战略协作的新模式，打造了金隅集团在品牌建设与传播方面的新平台。金隅集团借助华铁传媒在高铁动车组品牌营销方面的丰富经验，依托当今最具影响力的京沪高铁线路，提升金隅集团知名度，助力金隅集团品牌成长迈向飞速发展的高铁新时代。

此外，金隅集团积极响应党中央、国务院号召，大力开展精准扶贫与乡村振兴工作，先后实施党建引领、物资援助、慰问帮困、智力支持、就业引导、产业援建等举措，采购内蒙古、新疆、河北等地的农产品，解决销售困难问题，带动村内农业产业发展，促进低收入农户实现可持续脱低增收。同时，金隅集团还通过开展井陉山区暑假助学、蕉山乡"捐资助教"、援疆送教等活动，积极践行企业社会责任，不断扩大公司品牌影响力。

五、经营状况

近年来，金隅集团积极顺应京津冀协同发展和供给侧结构性改革的政策导向，不断拓展公司多元业务板块，提升经营能力。2021年，金隅集团坚持稳中求进的工作总基调，积极识变应变求变，采取一系列改革创新举措，推进一系列重点工作任务，经济运行稳中有进、稳中有升，实现了"十四五"良好开局。全年实现营业收入1236.34亿元，同比增长14.47%；利润总额78.81亿元，同比增加1.1%；净利润为52.13亿元，同比增加1.1%。

2021年金隅地产在艰难的整体环境下，顺应市场形势，积极主动应对，不断提升项目产品力和运营效率，加快项目资金回笼。房地产板块实现主营业务收入397.30亿元,同比增加26.88%;公司全年累计合同签约额372.97亿元,同比减少28.6%,其中商品房累计合同签约额363.11亿元,同比减少13.83%,政策性住房累计合同签约额9.86亿元,同比减少90.23%;公司全年累计合同签约面积147.84万平方米,同比减少23.99%,其中商品房累计合同签约面积145.74万平方米,同比减少14.53%,政策性住房累计合同签约面积2.1万平方米,同比减少91.27%。

公司物业投资与管理板块优化调整经营业务和管控模式,围绕北京城市定位,不断提升服务质量和水平。2021年物业投资及管理板块实现主营业务收入45.2亿元,同比减少5%;毛利额24.73亿元,同比减少2%。截至2021年末,公司持有的高档写字楼、商业、产业园区等投资物业总面积为174.7万平方米(不含在建项目及装修改造项目),综合平均出租率81%,综合平均出租单价4.9元/平方米/天;其中在北京核心区域持有的高档投资性物业总面积109.6万平方米,综合平均出租率79%,综合平均出租单价7元/平方米/天。

未来,金隅集团将继续紧扣京津冀协同发展等重要战略机遇新内涵,按照"突出主业、强化专业"的发展思路,深化改革、创新驱动,不断提升综合竞争能力,推动公司"十四五"发展全面实现质的稳步提升和量的合理增长,加快产业链提档升级,构建协同发展新格局。

专栏3-5　滨江集团：守正出新谋发展，匠心品质绘蓝图

杭州滨江房产集团股份有限公司（下文简称"滨江集团"）成立于1992年，具有住建部一级开发资质，全国民营企业500强，中国房地产企业50强，长三角房地产领军企业。公司秉承"创造生活，建筑家"的专业理念，形成了"一个绝对优势（人员优势）、三个引领优势（品牌优势、金融优势、合作优势）"的核心竞争优势。滨江集团秉持"聚焦杭州、深耕浙江、辐射华东，开拓粤港澳大湾区，关注中西部重点城市"的发展战略，适时调整发展步调。在房地产新常态下，滨江集团积极转型升级，建立"1+5"发展战略，做优、做精、做强房地产主业，保持千亿以上销售规模，在此基础上搭建"服务+租赁+酒店+养老+产业投资"的企业发展模式。

滨江集团发展历程可分为四个阶段。

1992—1999年：走小步，不停步，年年有进步。1992年，以8万元起家的集体所有制企业，在旧城改造的项目中勤练内功。1996年，杭州滨江房产集团有限公司成立。1997年，公司取得了国家一级开发资质。1999年10月，公司完成转制，成为杭州首家成功转制的房地产企业。

2000—2008年：走小步，不停步，抓住机会迈大步。2001年，公司开发建设万家花园，精心建造经济适用房示范小区，开启品质建设的探索之路。之后的五年，滨江集团走出城东，先后斩获"金色家园""文景苑""万家花城""阳光海岸""武林壹号""金色蓝庭""城市之星""湘湖壹号""万家星城"等十余个杭州市区内极为优质的土地资源，为后来的大规模发展奠定坚实的基础。2005年，"国内一流精装修豪宅"——金色海岸问世，集团品牌战略化道路正式开启。2006年，金色家园项目交付，开创了浙江省热带景观园林建筑的先河。与此同时，滨江集团夯实物业配套与服务基础。滨江物业以低调、务实、真诚、专业的服务，历年来物业管理费收缴率和业主

综合满意率均达到98%以上。滨江小区的配套硬件设施也在逐年提升，会所、健身房、餐饮等一一实现。2007年，绍兴金色家园项目落地，滨江集团正式踏出了异地发展的第一步。集团将发展重心集中在以杭州为重心的长三角地区，深入拓展二三线城市。2008年5月29日，滨江集团在深圳交易所成功上市，股票代码002244，滨江集团成为当年度唯一国内IPO上市的房地产企业。

2009—2018年：走稳步，不停步，抓住机会就跑步。在这一阶段，滨江集团完善了标准化体系，并在后来的发展中不断根据实际情况进行调整，产品线从原来的17版扩展至51版。基于产品标准化的逐渐完善，集团推行管理标准化体系，包括项目运营标准化、销售标准化、财务标准化、人力资源标准化、成本标准化等。集团通过不断优化和创新管理标准化体系，为产品复制、异地拓展等做好准备。2015年登陆上海，2016年落子深圳并布局海外，滨江集团版图持续扩大。2010年，集团销售总额首次突破百亿元大关。2015年销售额进击200亿元，2016年销售额突破300亿元，2018年销售额达到850亿元。

2019至未来10年：千亿，腾飞，再出发。2019年，滨江集团首晋千亿梯队，提出"1+5"发展战略。2021年，滨江集团成功开拓丽水市场，实现了浙江省内11个地级市全覆盖，并首次进入广州市场，销售额达到1691亿元。集团提出了"做行业品牌领跑者、高端品质标准制订者"的战略口号，形成"1+3"的核心优势，即一个绝对优势（人员优势），三个引领优势（品牌优势、融资优势、合作优势），成为行业内的"最红合伙人"。在区域拓展布局方面，形成了"聚焦杭州、深耕浙江、辐射华东，开拓粤港澳大湾区，关注中西部重点城市"的发展战略。滨江集团正在为成为被社会尊重、被行业认可、品牌领跑的一流房产企业而不断努力。

滨江集团恪守初心，始终致力于城市人居精品的打造。企业理念从最初的"创造生活，建筑家"迭代到了现在的"让老百姓都能住上一套好房子"，在时代的潮流中筑就了无数品质标杆，深受城市精英的青睐。

一、企业产品线

1.房产开发

滨江集团在2008年上市的节点对企业进行了梳理,从上到下进行标准化管理。产品是整个标准化体系中重要的一环,当时,滨江集团初步建立了两大类标准化产品。

表3-1 2008年滨江集团两大类标准化产品

	高性价比系列产品	高附加值系列产品
代表楼盘	金色家园、万家花城	金色海岸、阳光海岸
定位	满足普通消费者的高性价比、高品质的中档住宅	具有高度稀缺资源优势的成熟地块上,适量开发高附加值的精装修高端产品

2008年以后,滨江集团产品标准化体系逐渐建立,成功建立"A+定制、A+豪华、A+舒适,A豪华、A经典,A舒适,B豪华、B经典、B舒适,C豪华、C经典、C舒适、D定制、D经典、D舒适"共五大产品体系十余个标准版本,后又在实践中将标准化体系逐渐延伸到物业服务、小区配套和专业服务等多个领域。

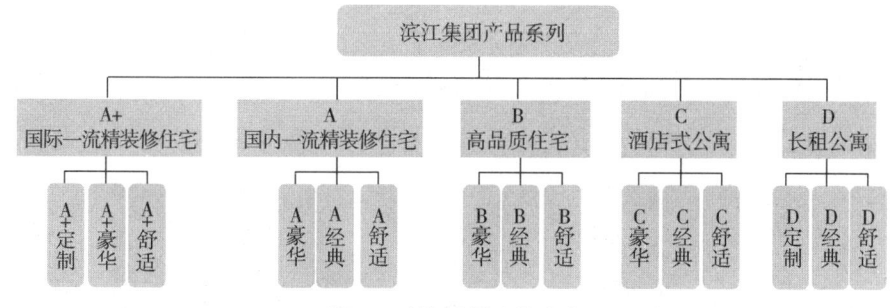

图3-9 滨江集团产品系列

滨江产品的打造不仅具有可复制性,更在细节上精益求精、有章可循,把品质视为最根本的项目生命。作为在房地产领域深耕多年的房企,业内对滨江集团有着明确的认知:立足长远发展、注重品牌和品质。市场瞬息万变,房企能真正握在手里的，永远只有产品。以高品质和豪宅营造能力著称的滨江，立志做行业品牌领跑者，高端品质标准制订者。

精装修一直是滨江集团的代表优势。从2005年金色海岸发展至今，已有十多年的行业领先积淀。从第一代注重地段与全球资源的整合、第二代奢华风格与顶级工艺一枝独秀、第三代"精致、舒适、实用"领先行业，到第四代附以智能化与科技化，滨江集团的精装修不断创新，始终走在行业前端。

2.物业服务

滨江物业承载"业主第一、服务第一、品质第一"的企业宗旨，服务的物业从公寓、别墅、排屋、写字楼，逐步扩展至大型商业综合体、企业总部大楼、产业园区、安置房、医院、学校等业态，迈入城市新赛道。2016年，公司全面进入市场化运作，开拓市场成为公司发展的新目标。2019年，滨江服务集团在香港联交所成功上市。滨江物业将致力于成为"物业行业品牌领跑者，高端品质标准制订者"。

3.长租公寓

2018年，滨江集团成立旗下自持商品房租赁社区品牌——滨江暖屋，来全面管理所有自持租赁社区。暖屋公司秉承集团企业使命，推出针对家庭客户和新杭州人的租赁社区产品。

二、典型项目案例

1.武林壹号——杭州金字塔尖的"1号楼盘"

武林壹号位于杭州市市中心武林广场北侧，毗邻武林商务圈、西湖文

图3-10　武林壹号

化广场、京杭大运河，占地10万平方米，建筑面积45万平方米，容积率为2.97，绿化率达30.6%，于2012年12月开盘。

武林壹号坐落于寸土寸金的杭州市市中心武林广场北侧，坐拥杭州最繁华的武林商务圈、西湖文化广场，以及具有千年历史的京杭大运河水景资源，完善的配套加上市中心的罕见体量成就了该地块与生俱来的优越条件。2006年地王、2013—2014年全年销冠、2015年半年度销冠，武林壹号获得众多荣誉。

六年匠造，严苛的产品细节打造豪宅标杆。武林壹号开创性地将石材干挂与玻璃幕墙精心细致地完美组合，营造出高贵大方的风采。在其六年的匠造过程中，从设计到施工的所有细节都经过严密推敲。

2.城市之星——钱江新城稀缺豪宅地标

城市之星居杭州钱江新城核心区钱江路与城星路交界处，紧邻地铁4号线城星路站，占地4.7万平方米，建筑面积30万平方米，容积率为4.6，绿化率达到40%。

图3-11 城市之星

作为滨江集团的高端力作，城市之星是企业第二代精装修高端公寓的开山之作，延续了金色海岸、阳光海岸以来的精装路线，并在此基础上做了更为个性与时尚化的表达。城市之星主力户型在190~250平方米。相比于第一代精装作品,滨江的第二代产品更加强调整个交付产品的成熟性,更为细致,更加周到,更具现代居住理念的、成熟的高端精装公寓。

3.江南名府——亚运村红盘的极致户型迭代

江南名府面朝亚运村,南临奥体,北接钱江新城,西临钱江世纪城奥体板块,占地3.2万平方米,建筑面积12.1万平方米,容积率为2.5,绿化率达30%。

图3-12 江南名府

江南名府设计尊崇以人为本的思想,充分结合场地环境,意在营造富有文化氛围、优雅气质、精致生态、现代化的活力社区。项目创造出1个月连续加推2次的业绩,有"亚运村红盘"之称。

户型创新迭代,突破性户型设计极大地提升生活舒适度。江南名府浓缩了滨江集团户型的诸多优质元素,并进行了再一次的创新升级。其整个项目只设计了90、115平方米两类户型,其中115平方米户型在滨江以往的户型体系中非常少见。项目高层的115平方米户型与江南之星的119平方米户型尺度相当,但在空间设计上却更加优越。洋房115平方米边套,四房户型,三开间朝南,尺度阔绰,客厅拥有6.3米大飘窗,3.2米的南向阳台。

30年的发展，铸就了滨江集团"1+3"的核心优势，即一个绝对优势（人员优势），三个引领优势（品牌优势、融资优势、合作优势）。在未来的发展中，滨江集团秉承"做行业品牌领跑者、高端品质标准制订者"的初心，潜心做好产品，坚守品质和匠心，将不断提高社会的认可度、行业的影响力、客户的美誉度和员工的满意度，为千家万户创造安居乐业的理想栖息地。

专栏3-6 龙记泰信：匠心筑品质，与城市共精彩

龙记泰信原名龙记地产集团，成立于2005年，是一家以房地产开发为核心业务，集地产集团、金融集团、建设集团、商管集团、物管集团和供应链集团为一体的跨地区、专业规范的大型民营企业，业务范围涵盖了房地产投资与开发、地产基金、财富管理、商业运营管理、工程建设、装饰装修、园林景观建设、物资贸易、物业管理、智慧社区运营等诸多领域。近年来，龙记泰信秉承"聚焦价值洼地、深耕区域"战略，积极布局全国。目前业务遍布北京、上海、陕西、山东、河南、江苏、安徽、甘肃、湖北、四川、浙江等26个省市。

龙记泰信从铜川起步，建立起以西安为核心的大本营。2005年，以每亩300万元的价格举牌标得铜川市百盛国贸商业项目。2006年，竞得铜川龙城国际住宅项目，这是当年铜川已建成使用的第一高层建筑。2009年，进入西安市场，开始运作位于西安大明宫遗址公园附近、建筑面积约13万平方米的龙记·帝景湾项目。同年，在河南新乡成功开发天龙·玫瑰园项目，在山东济南成功开发龙记·东方御景等项目。

龙记泰信立足陕西，进一步扩大全国扩张的步伐。2012年以3.24亿元竞得苏地2012-G-106号地块，正式挺进苏州。2016年，与中泰基金、瑞威资本进行战略合作，标志着公司开始布局上海滩。2019年，成立龙记科技住宅产品研究院，标志着龙记品牌战略、产品体系全面升级。

龙记泰信深度布局全国六大区域，提出全新产品与服务主张——"5U住宅产品"，从产品设计、房屋质量、社区环境、周边配套、物业服务五个维度全面提升和细化。2020年，摘得咸阳优质地块，至此土地储备全面覆盖陕西关中"大西安一小时经济圈"各县市；进入温州和成都市场。同年，代建事业部成立，涉足房地产代建市场。

一、企业产品线

1. 房地产开发

龙记泰信一直肩负"筑造精彩生活"的使命,秉承"龙记泰信,给您一个5U好家"的产品理念,积极把握行业发展前沿趋势,通过深入研究、探索,依托龙记住宅产品研究院,投入巨资研发适应新时代、新市场需要的科技、绿色、智慧产品,从建筑规划、景观规划、户型设计、物业管理等多方面建立标准化的产品线研发,以及产品品质、园林景观等向一线房企看齐,做到"龙记出品,必属精品"。

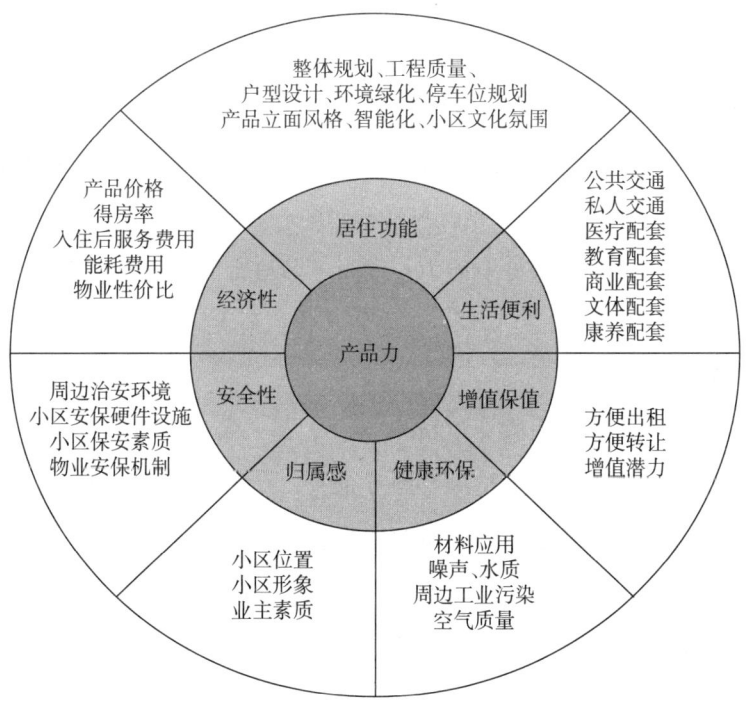

图3-13 龙记泰信产品力核心

龙记泰信肩负"筑造精彩生活"的使命,坚持"中国品质地产践行者"的品牌愿景,积极把握行业发展前沿趋势,通过深入研究、探索,依托龙记住宅产品研究院,与国内外顶尖建筑设计、景观设计团队合作,同时融入科技、绿色应用,打造出了"观园""檀府""铂樾"等系列产品,深受市场好评。尤其是"观园""檀府"两大新中式产品,把盛唐文化与现代设计理念巧妙融合,承续东方文化记忆,引领行业发展。

2.地产投资与代建业务

近年来,龙记泰信先后涉足地产投资、项目代建等业务领域,通过资金、品牌输出,产品体系、运营管理、服务体系的标准实施,供应商资源共享,为合作企业提供设计、开发、工程、财务、营销、品牌及资金的输出,用管理创造价值。

3.商业运营

目前龙记泰信已形成三大商业产品线:一是跃龙商业广场,主要是体量在1万平方米以下的开放式社区商业,业态以餐饮生活配套以及功能服务为主;二是跃龙生活广场,定位为3万平方米以下的邻里型社区商业,业态以超市、餐饮、零售以及儿童教育文化和居民休闲娱乐为主;三是跃龙城市广场,定位为体量在5万平方米以上的区域性购物中心。龙记泰信持续打造旗下跃龙商业的规划、招商、运营专业能力;同时不断培育商业资产品牌,通过与商业地产开发、投资基金相互协同,追求资产价值最大化。

4.物业服务

龙记泰信旗下的邦家物业2006年成立,是一家以物业服务为基础平台,以智慧社区运营为核心的大型综合服务企业,专注于住宅物业服务、案场物业服务、产业园区物业服务、大型商超物业服务、甲级写字楼、酒店、公寓物业服务等。邦家物业秉持"让幸福无处不在"的品牌理念,致力于在做好传统服务的同时,不断利用现代科技手段让更多用户和家庭体验物业服务带来的幸福美好。

二、典型项目案例

龙记科技住宅产品研究院经过数年时间反复摸索,依托与国内外一流的设计、景观团队反复打磨,将盛唐文化与现代设计理念融合,同时融入科技、绿色、智慧应用,打造出了新中式国风系列产品——"檀府"。

"檀府系"产品定位高端改善,在传统中式项目的基础上融入现代元素,将盛唐美学灵活运用于产品与社区规划。设计汲取古代建筑之精华，整体设计风格与传统建筑风格相匹配，一城一府，不复制，唯定制。为每座城市、每个地块量身打造独一无二的"府"。

富平龙记檀府位于富昌大道和环城南路的交会处，位于整个富平县发展的核心区域。项目紧邻石川河生态公园，周边教育、医疗、商业等配套设施齐全，使业主尽享幽静与宁静的同时也可以拥有城市的繁华和便利。项目总占地约300亩，分三期开发，内部配建3000平方米幼儿园。整体规划为品质型住宅区，阔景高层面积区间89～159平方米，瞰景小高面积区间117～143平方米，低密洋房面积区间129～143平方米，以人性化空间布局致敬城市进阶人士，匠心铸造经典建筑作品。

建筑风格：檀府整体建筑设计结合中国古代"礼"元素，建筑取朴实稳重的形体比例，下实上虚、檐口飘逸。并且通过提取龙纹、云纹等吉祥装饰纹样，体现唐风建筑的识别度，融入盛唐文化属性。

园林景观：檀府以"礼、文、雅"为基调，园林景观则师法江南园林，遵循了古代人居住的核心仪式：礼。

户型设计：檀府产品设计严苛尺寸要求，户型以北方居住习惯为基准，户型整体"大面宽、强采光、无浪费"，在售户型90%以上做到了南北通透。在居住感上也做到了"分毫必争"，合理压缩户型内装饰面积，将更多实用空间留给客户。3.6米面宽客厅，超5米景观阳台基本成为标配，不仅满足了客户对于居住感的高度要求，也尽力给客户更多的户型延伸面积。楼王户型在"檀府系"基础设计上更增加了一梯一户、私属候梯厅，入户门厅等高规格产品理念。

生活配套：秉承以人为本理念，标配慢跑步道以及儿童活动区，檀府系不惜重金打造"赛级泳池"，让业主在社区内部即可获得全家不同年龄段的舒适活动空间。

物业服务：邦家物业2019年全面进入"邦家2.0"时代，以"邦家幸福云"智能平台为基础，延伸出六重安防保障，"摩警式"外延骑行巡逻保安，7×24小时无间断服务，从根本上解决业主在入住后所遇到的问题。

图3-14 龙记泰信檀府园林景观

绿色节能:龙记泰信的第四代产品通过外部保温系统、无线对讲覆盖系统、RFID身份识别卡系统、地源热泵系统、新鲜空气通风系统、天棚制冷采暖系统、节能智能家居系统、优化水处理系统等先进科技,实现节能效果,并打造更好的健康舒适生活。

龙记泰信以三四五线城市及都市圈辐射的潜力县域城市为重点,以刚需与刚改市场定位客户群,通过"升维产品,降维打击"占领市场,以十六大体系支撑企业与项目高效运营,实现集团"效益与规模"的双增长。龙记泰信结合"做三四线城市高品质产品"的定位,提出全新的产品与服务主张——"5U品质生活",从产品设计、房屋质量、社区环境、周边配套、物业服务五个维度全面提升和细化,致力于为客户提供设计优、质量优、环境优、配套优、服务优的好房子,打造有特色的和谐社区。

专栏3-7　东投地产集团：精筑美好，做真正适合中国人的房子

东投地产集团是隶属于东投集团旗下专业的房地产开发公司，成立于2009年，经过十余年的积累和发展，现已发展成为赣系龙头房企，并连续三年荣获"中国房地产百强企业"荣誉称号。2022年在房地产百强中排名第88位，较上年上升5个名次。集团以"深耕江西，辐射全国"为战略指引，同时在江西、湖北、河南、广西、浙江、湖南等多地，布局50余城，开发100余个项目，形成了"城系""府系""院系""瑞系"等产品系，并延伸了商业地产、旅游地产等产品。自2015年起，公司确立了教育地产的发展战略，以"用心筑家，用爱助学"为核心理念，首创"名校+教育社区"的新模式，先后取得了"中国房地产百强企业""中国房地产综合开发专业领先品牌价值TOP10""中国教育地产践行者"等行业荣誉，品牌价值不断创造新高。

一、企业产品线

创建品牌的根本，是做好产品和服务。东投地产集团从成立之初，一直把做好产品视为夯实内功的重要课题，以师者匠心，洞察、思考、钻研，不断创新产品，以满足更多业主对品质生活与人文关怀的需求。基于对市场的精准判断，以及对高品质的不懈追求，东投地产集团从"客户需求"出发，不断提高项目定位、产品研发、品质管控与服务管理的能力，初步构建了"城系""府系""院系""瑞系"等住宅产品线。

城系：城市主轴，教育社区。将教育理念融入人居，打造城市主轴教育大盘，择址中心府邸。无缝衔接优质教育资源，为房子注入人文内涵，为孩子打造高标准起跑线。

府系：府承荣耀，致敬精英。巍巍高门打造归家的仪式感，以五重礼序规制布局城市高端住宅，顺应现代审美需求。匠造新中式园林，府邸主人的尊贵、文雅、底蕴一一呈现。

院系：院藏天地，归家大境。承袭中式风骨，结合当代技艺，匠造院宅

大境。以低密度舒居,书写生活礼赞,实现居者亲近自然美好愿望,惬意栖居,纵情诗意,出可入繁华,入可享静谧,涵养心境独享悠然时光。

瑞系:瑞品天成,礼献层峰。筑造平层生活,礼献层峰人士,通过升级尖端品质,融合一束文化于生活场景之中,为塔尖圈层定制无可复制的终极生活体验。

二、典型项目案例

1. 宜春东投·铂瑞

宜春东投·铂瑞项目位于袁州新城烟雨路以南,民生路以西。规划用地面积40188平方米,总建筑面积108756平方米,容积率2.0,计容面积80304平方米,绿地率45%,绿地面积35252平方米,地下室面积26297平方米,车位比1:1.6。

图3-15 宜春东投·铂瑞

项目共设计7栋高层,首层均设置架空层,共计410户,均为两梯两户,层高3.15米。分别为1号、3号楼31层,面积约226平方米;2号楼(物业及社区用房)678平方米;5号、6号楼31层,面积约193平方米;7号楼30层,

图3-16 宜春东投·铂瑞园林景观

面积约173平方米;8号、9号楼29层,面积约173平方米。

项目地块为袁州新城稀缺土地资源,区位独特、环境优美、配套完善、交通便利、为提高居民生活品质,政府特意将该地块带方案出让。

项目整体设计理念为取境东方,尊重传统文化,融合现代科技,打造人居高端产品;完美布局,礼仪轴线,最佳朝向。外立面采用新中式风格,经典三段式立面层次,采用石材、铝板、真石漆岩彩完美结合,兼顾屋面大挑檐,将新中式风格建筑体现得淋漓尽致。

项目成功地开创了东投集团首个高端瑞系产品的问世,不仅成为高端客户追捧的热销产品,也奠定了集团在宜春市场的标杆地位。铂瑞成为其他企业学习的样板工程,带动整个宜春市场开启大平层建设的热潮,极大地改善和提升了消费者居住环境和品质。

2. 上饶东投学·仕府

上饶东投学·仕府位于上饶滨江商务区腹地,坐落于经开区凤凰西大道东侧,凤凰西大道、滨江西路两条城市主干道让项目与全城连通,往南约7公里直达三清山机场,向北6公里达上饶西高速。项目处在铅山县、横峰县、弋阳县等县区进市区的必经位置。项目南侧内部配建约4500平方米幼儿园、东侧约50米为南师大附属小学和初中,出门即校门。

图3-17 上饶东投学·仕府

上饶东投学·仕府项目规划占地约134.4亩，总建筑面积约27.5万平方米，由11栋27F高层、9栋18F、1栋16F中高，以及1栋3F幼儿园组成，户型面积段约109~138平方米共计住宅1736户。小区容积率低至2.4，绿地率约30%。

小区园林景观采用三进五重归家礼序、中央景观主轴、第一府系豪门、中式景观设计、苏式园林造景，立体景观、叠瀑水景、一步一景、全龄层设计。

图3-18 上饶东投学·仕府园林景观

小区内部采用全龄层设计理念，注重景观打造与业主的实用性。在楼栋之间的空间，布置儿童娱乐空间、青年运动设施、老年康养设施等，为每一位业主量身打造，让小区业主足不出户就可以满足休闲健身的需求。

3. 万年东投·壹中华府

万年东投·壹中华府位于万年县正大西街与姚西路的交汇处，总占地面积97.72亩，总建筑面积约20万平方米，整体容积率2.5，绿化率30%，建筑密度仅25%（绿化率高、密度低、居住舒适宜人）。小区总规划户数1266户，地下停车位1266个，达到了1∶1的配比，足够满足每家每户都有一个停车位。小区建有18栋建筑，其中包括1栋2700平方米九班制的幼儿园，17栋住宅。1栋17层、8栋18层、8栋19层，分为2梯2户和2梯4户和3梯6户的产品。

项目因为建筑密度低，所以各栋建筑之间距离较大，因而户型设计为大面宽、短进深、南北对流、让每个空间都拥有充足的阳光，大大满足了住户舒适、安全、私密等多方面的要求。

图3-19 万年东投·壹中华府

图3-20 万年东投·壹中华府园林景观

万年东投·壹中华府的园林绿化是由江西滕王阁园林景观工程有限公司亲自打造，借鉴中国古典园林的造园手法，结合现代景观元素，共同营造丰富多彩的景观空间，做到一步一景，处处都是美景。打造的万年智慧社区配套有监控系统、车牌识别系统、周界报警系统、雾森系统、音乐背景系统、人脸识别系统、指纹密码锁、可视对讲系统、燃气报警系统、SOS紧急呼救系统等十大智慧系统，为业主提供便捷、安全、智能的居住环境。户型产品为建筑面积约106～133平方米三房、四房，满足不同客户的需求，深受广大购房者一致好评。

未来，东投地产集团仍将坚持"教育+地产"发展战略，秉承"用心筑家 用爱助学"理念，以产品匠造引领品牌风采，用美好筑家见证东投力量。

第三节　加强城市建设，小城镇变大城市

城镇化经历了由点及面的发展过程，单个城市的发展也经历了由内而外、由外及内、内外联动的发展过程。伴随着城市经历核心区城市化、郊区城市化、逆城市化、再城市化过程，房地产企业布局重点也由核心区向城郊逐渐外扩，再向城市更新过渡。房地产企业在城市的成长过程中甘当拓荒者，不断满足城市不同阶段的建设需要，为一个又一个城市注入了生长的活力，为城市形象的提升做出了巨大贡献。

1. 核心区开发

城市建设初期主要为核心区建设，市区的住宅市场是此阶段房企的开发重点。多数房地产企业的全国化策略尚未实行，优秀企业选择深耕本地的策略，为城市建设最初始的一批楼盘，城市美化的新篇章就此开启，如恒大的广州"金碧花园"、万科的"深圳天景花园"、保利地产的"红棉花园"、龙湖的重庆"龙湖花园"、绿城的"杭州丹桂公寓"和"杭州九溪玫瑰园"，各个知名项目均代表了当年城市的楼盘发展高度。这些楼盘的开发也帮助企业积累开发经验，锻造产品开发能力，打响品牌，为后续城市深耕策略奠定基础。

2. 核心商业发展+住宅逐渐外扩

随着城市开发程度的提升，一方面核心区的住宅可开发区域逐渐减少，功能消费需求提升，城郊的住宅开发成为热点。这一时期，城郊住宅开发是城市发展的先行部分，城郊往往缺乏商业、教育、医疗等配套设施，因此，房企在开发住宅的同时配建相关基础设施，以促进销售。如万科开发上海七宝镇万科城市花园项目，是集居住、商业、娱乐、教育、休闲于一体的郊区大型社区；顺德碧桂园率先构建"五星级会所+社区学校+五星级社区生活+住宅＝五星级的家"的家园生活模式。另一方面，城市核心区让位于商业服

务设施，房地产企业顺势开发写字楼、购物中心等商业地产。城市发展的背后是社会经济水平的提升，人们对商业的需求日渐增长，城市核心区区位优势凸显，企业抓住机会，加强在城区内的写字楼、购物中心等商业地产领域的投入力度，多个城市的地标建筑应运而生，如中粮的北京西单大悦城、华润的深圳万象城，均已成为当地的地标性商业综合体。

3. 城区保障房+城郊特色地产

随着城市消费水平的提升，政府在搭建多层次的住房体系、保障民生方面的力度增强，房地产企业也积极响应政策，参与大量廉租房、限价房、经济适用房等保障性住房的建设。保利地产、首开等企业积极参与保障性住房项目建设，打造高水平绿色民生保障工程，如保利地产北京先后开发了保利嘉园、保利芳园等保障性住房社区；首开开发的同馨家园项目中多个建筑获得"北京市结构长城杯"银奖，首开温泉凯盛家园获得了二星级绿色建筑设计以及运营标识。同时，城市新区规划持续推进，轨道交通的建设也带动了城郊区域的发展，企业参与到以文化、旅游、产业为主题的特色地产开发之中，万科在杭州打造良渚文化村、长者公寓随园嘉树，在杭州市郊造出一处世外桃源，为人们提供休闲及养老的新去处。

4. 高端改善+城市更新

随着城市化从外延式扩张转向内涵式增长，城市内部居民消费需求向多样化、品质化改变，城市将向以服务经济为主的产业结构和城市形态转变，这就要求对传统地产进行改造升级，完善城市配套功能，优化服务业态等级，提供全方位服务等。房地产企业不断变革创新，在产品、技术和服务方面不断进行创新与升级，以促进城市高质量发展。碧桂园、恒大、万科、融创、华润、中海等房地产企业积极参与上海、深圳、武汉、珠海等城市旧改建设；碧桂园、万科、保利地产、龙湖等数十家企业均已大力发展长租公寓领域，满足大城市租房需求；碧桂园、中海、华润、新城控股等企业积极实践住宅产业化和装配式建筑发展，积极投入相关技术研发和工艺实践，用新技术、新工艺、新材料打造科技、绿色、优质、高效的新建筑，不断革新住宅建筑工艺，提升行业技术水平；万科、保利地产、中海、绿地、当代等企业拥抱新兴科技力量，借助人工智能、物联网等手段建设融汇现代科技的绿色智慧人居，提升住宅软实力与居住体验，满足居民对美好生活的追求。

过去的住宅开发市场主要拼规模和速度，但未来的存量服务型市场拼的是服务和运营。未来的市场将不会再给急功近利者机会，企业只有摆脱过去多年发展中惯性形成的粗放型开发模式的束缚，真正以匠心思维从产品到服务潜心研究，打造并引领美好生活下的新生活方式，方能走得长远。

随着中国城镇化进程从过去的"粗放式发展"进入"精细化运营"时代，城市更新的需求在不断强化。2021年政府工作报告提出，"十四五"时期要"实施城市更新行动，完善住房市场体系和住房保障体系，提升城镇化发展质量"，未来五年城市更新的力度将进一步加大。

房企在内部发展需求和外部政策推动下，作为城市建设与运营的重要主体也将迎来更大的发展机遇。特别是近期政策新框架形成，"三条红线"、"五档分类"、22城"两集中"供地等政策的出台，房企将面临越来越大的资金压力，重点城市的土地市场交易也将更加火热，优质地块的拿地成本或将居高不下。目前，已有多家房企探索多元化的拿地渠道，紧抓市场机遇积极参与城市更新项目，进一步补充土地储备，而这也正是房企增加土储的一个有效方式。此外，由于城市更新项目开发周期长，需要协调的相关利益复杂，参与门槛相对更高，有助于锻炼房企综合开发能力，增强企业实力。

从世界典型国家的经验来看，随着城市更新的不断深化，均会经历由政府主导向市场主导转变的过程，整体的趋势是参与主体逐步实现多元化。以美国为例，"二战"后到20世纪60年代的城市更新普遍以联邦政府主导为主，20世纪70年代后来自联邦的资金资助明显减少，城市更新的责任和权限逐渐由地方承担和掌握，城市更新的治理模式开始呈现政府与市场共治的特征，市场主体在城市更新中的作用逐步凸显。而英国自20世纪中后期以来，为解决内城衰退的问题，其城市更新政策的核心从政府主导向公—私合作、公—私—社区三方合作逐步演变。虽然世界各国城市更新发生的时点有所差异，但相关政策的演进却具有共性。结合英美不同时期的政策特征来看，中国目前的城市更新治理模式整体正处于由政府主导向市场主导转变的过程。未来在这一趋势下，房企应通过城市更新加强与城市发展的融合，在提升自身竞争力的同时，也将为城市发展提供更大活力。

专栏3-8　中国金茂：运营智慧城市，释放未来生命力

中国金茂控股集团有限公司（以下简称"中国金茂"）是世界五百强企业中国中化控股有限责任公司旗下城市运营领域的平台企业，于2007年8月17日在香港联合交易所主板上市（股票代码：00817.HK）。中国中化由中国中化集团有限公司与中国化工集团有限公司联合重组而成，业务范围覆盖生命科学、材料科学、基础化工、城市运营等八大领域。在城市运营领域，旗下中国金茂是国资委首批确定的16家以房地产为主业的央企之一，行业领先的城市运营商。

中国金茂的发展历程可大致分为三个阶段。

2004—2008年：业务起步期。2004年，公司在香港正式成立；2005年，经国务院国有资产监督管理委员会正式批准，房地产业成为中国中化集团公司的主营业务；2007年，在香港联交所主板上市；2008年，收购中国金茂（集团）股份有限公司的全部股份。这一时期，中国金茂承接中化集团房地产资产，完成了公司在港上市，专注一线城市物业开发、商业项目和酒店经营。

图3-21　中国金茂发展历程

2009—2014年：稳步发展期。该时期，中国金茂确定了"销售+持有"的"双轮驱动"战略，走高端定位和精品路线，推出"金茂府"高端品牌，进驻全国多座一二线城市。其中包括2009年获取北京广渠路15号地块，2011年获取长沙梅溪湖片区一级开发权，2012年获取丽江古城区核心位置土地，2013年成功并购南京国际广场项目，并在广州、重庆获得地块。

2015年至今：高速扩张期。中国金茂确立了"城市运营商"定位，将"双轮驱动"战略升级为"双轮两翼"，"两翼"指"金融+服务"，既要丰富投融资渠道，又要提升服务能力和品质。伴随着战略升级，中国金茂加速扩张，进驻更多二三线城市，确立大科技、大健康、大文化三大产业发展方向，获得更多城市运营项目。

一、企业产品线

中国金茂以"释放城市未来生命力"为己任，始终坚持高端定位和精品路线，在以品质领先为核心的"双轮两翼"战略基础上，聚焦"两驱动、两升级"的城市运营模式，致力于成为中国领先的城市运营商。中国金茂整合国际领先的优质资源，引进合理互生的城市规划理念，实现区域功能和城市活力的全面提升。目前，中国金茂已成功进驻京津冀、长三角和珠三角等中国高速发展区域，公司在北京、天津、上海、广州等53个核心城市持有330余个项目。中国金茂发挥板块间协同效应和联动优势，打造了以"金茂"品牌为核心的高端系列产品。"智慧科技、绿色健康"已成为"金茂"系列产品独有的优质基因及品牌内涵，并在行业中不断重新定义高端和质量。

图3-22　中国金茂业务体系

1. 城市运营

中国金茂始终秉承前瞻的眼光与思维，精耕每一区域的潜能；将创新的规划与设计，倾注于脚下的每一块土地。从开启上海发展新纪元的智慧型摩天大楼金茂大厦，到黄浦江畔亚洲最大的绿色商务建筑群组金茂北外滩；从国家级首批绿色生态示范城区长沙梅溪湖国际新城，到开拓城市发展新模式的青岛中欧国际城；中国金茂始终致力于以建筑彰显现代都市的文明空间，不断实现未来人居和城市梦想。

2. 物业开发

中国金茂以"府、悦、墅"三大产品线领跑中国高端住宅市场，践行不断超越的城市人居梦想。其中，府系建基城市中心，融合精湛工艺，树立中国高端生活品质新典范；悦系为中坚阶层提供完善的生活配套，缔造全家庭健康宜居生活样本；墅系打造超低密度大空间高端社区，提供墅级品质人居。

3. 酒店经营

中国金茂经营金茂北京威斯汀大饭店、上海金茂君悦大酒店、金茂三亚丽思卡尔顿酒店、金茂三亚希尔顿大酒店以及金茂深圳JW万豪酒店、金茂丽江酒店等多家超豪华酒店。通过一系列五星级高端酒店的开发和成功运营，中国金茂已拥有成熟完善的高端酒店设计、开发和投资经营能力，并与万豪、凯悦、希尔顿等国际顶级酒店管理集团建立了良好的合作关系。

4. 零售商业与商务租赁

中国金茂立足于零售商业地产全价值链体系，整合全球领先资源，打造让消费者"乐享品质生活"的体验型商业新中心，已拥有以"览秀城""J·LIFE""金茂汇"为代表的知名零售商业品牌。同时，中国金茂以引领前瞻的标杆物业，创造可以持续发展和不断增值的高品质物业。

5. 科技与服务

① 金茂绿建。金茂绿建成立于2016年，以"绿色科技，美好生活"为使命，秉承客户导向、科技引领、创业创新、止于至善的核心价值观，从城市、社区到家庭，聚焦绿色、节能和科技方面的专业运作，致力于成为领先的城

市能源和建筑科技综合服务商。金茂绿建以前瞻的眼光与思维、诚信的态度与品质，专注于提供优质的"城市能源服务"和"建筑科技服务"，并通过投资、设计、建造、运营全过程专业化服务，提升城市能源使用效率，不断优化升级城市智慧能源综合服务，打造城市运营超级IP，于每个细微之处，为客户开启健康、智慧、舒适、节能的生活体验。

② 金茂资本。金茂资本成立于2016年，是中国金茂旗下金融服务平台，业务范围包括地产基金和产业投资基金两大板块。金茂资本紧抓中国经济转型升级的时代机遇，在解析地产与金融彼此融合、互生共长关系的基础上，提出"城市运营金融服务专家"战略定位，创新产融结合模式，以实践助力中国城市价值重塑。

③ 金茂服务。金茂服务成立于2007年，于2022年在港交所上市，业务范围涵盖社区生活服务、商业企业服务、城市运营服务等多元领域。金茂服务坚持以客户为中心，以卓越的场景设计能力和稳定的品质输出能力，为客户提供持有资产打理服务和品质生活解决方案。通过万物互联管设备、移动互联管服务，金茂服务深入推动企业数字化转型，以科技促进服务升级，持续提升管理服务效率和用户数字化体验。同时，金茂服务积极做强社群生态，升维拓展城市运营服务，与社区、城市、环境、社会共生共荣。

④ 金茂装饰。金茂装饰成立于1994年，主要经营五星级酒店、高端住宅、写字楼室内精装工程。作为全国装饰行业百强企业，公司拥有国家建筑装修装饰工程专业承包一级和设计专项甲级资质，电子和智能化工程、防水防腐保温工程专业承包二级资质，以及钢结构工程、建筑机电安装工程专业承包三级资质，通过ISO9001、ISO14001和OHSAS18001国际标准认证。

⑤ 金茂教育。金茂教育成立于2019年，业务涉及职业教育、智慧学校、国际教育等教育产业，致力于成为"未来教育的开拓者"，整合全球优质教育资源，践行央企社会责任。

⑥ 金茂云服。金茂云服成立于2021年，以大数据、人工智能、物联网等技术为基础，以智能化、精准化的产品和平台工具为手段，以数字营销和智

慧物联为起步业务，不断挖掘和发挥数字价值。围绕营销全业务链条，可提供七大数字营销系统解决方案、13款细分数字化产品；智慧物联业务涵盖智能家居、智慧社区、智慧园区等室内外多场景智慧物联服务，具备前后端整体解决方案及软硬一体交付能力。

二、典型项目案例

1.合生·金茂东叁金茂府

合生·金茂东叁金茂府位于北京东三环国贸CBD正南6公里分钟寺板块，是继广渠金茂府后CBD全新一代金茂府作品。分钟寺板块先规划后开发，在1.7平方公里范围内规划了约45万平方米城市林海，以及高端购物中心、幼小初12年教育、35万平方米运动公园等，构建了15分钟世界步行街区生活圈。作为金茂府系2.0迭代作品，2020年，金茂府在建筑、园林、科技、空间等方面全维焕新，以金茂府系迭代的品质力，为而立精英打造高定位生活方式。

2.深圳龙华金茂府

深圳龙华金茂府位于深圳龙华区地铁4号线上塘站A出口处，项目为深圳首个现楼销售范本，占地约35673平方米，总建筑面积198640.42平方米。在建筑、园林、室内、风水的设计上邀请了5位国际建筑与设计师操刀，打造世界标准人居。首创的下沉式水幕庭院以及三维立体园林打造理念，形成围合式中心景观，与大自然亲密接触。项目也是深圳市场上罕有的同时获得三项国内外绿色认证的高端社区：BREEAM三星认证、美国LEED-SCHOOL认证以及国家绿色建筑三星。作为中国金茂首入深圳开山之作，深圳龙华金茂府是中国金茂府系2.0迭代智慧科技大宅。

3.武侯金茂府

武侯金茂府是中国金茂首个布局于中国西南的府系产品，也是全国第26座金茂府，项目地块由中国金茂联合首开地产于2017年4月6日获取并共同开发。项目位于成都西南方位武侯新城区域，是十二五规划中的"一流国际化新城"。项目占地162亩，分三期开发，总建筑面积27万平方米，为成都首个荣获"英国BREEAM三星+绿建三星"双认证住宅，集成同步欧洲标准的毛细管网系统、地源热泵系统、24小时全屋新风置换系统、防霾防PM2.5除尘系统、全屋净水系统等十二大科技系统。园林以中国金茂"府"系传承匹配成都生活方式，通过传统东方元素与都会时尚元素的碰撞，通过"一轴一带两庭四院"打造东方度假酒店式社交园林。根据成都的地理环境、气候条件因地制宜，在温度、湿度、空气质量、水质、声音环境五大维度上，搭建出"恒温、恒氧、恒静、恒湿、恒净"的五恒空间生活场景，为居住者营造理想舒居空间。

中国金茂成功打造了以"金茂"品牌为核心的高端系列产品，"智慧科技、绿色健康"成为"金茂"系列产品独有的优质基因及品牌内涵，并在行业中不断重新定义高端和质量。

专栏3-9　福星惠誉：城市更新助力跨越发展，匠心筑造幸福生活蓝本

福星惠誉控股有限公司成立于2001年1月，是中国A股上市公司湖北福星科技股份有限公司（证券代码：000926）的全资子公司，一级开发资质。企业核心业务涵盖住宅开发、商业及物业经营管理、产城融合、生态农业、文旅产业等领域。

21年来，秉承"先做人，后做事"的经营理念和"为政府分忧，为百姓造福"的开发宗旨，福星惠誉顺应行业发展潮流，通过不懈努力，积极推动城市的更新进步，城市更新面积累计超2000万平方米、服务30万业主，为满足人民对幸福生活的追求提供了全方位的优质服务，逐步形成了在中国城市更新领域的专业优势和为客户提供幸福生活的完整产业生态链。

福星惠誉以"城市更新与幸福生活服务商"为己任，顺应城市发展需要，专注于"小而美"能力建设，荣膺"2022中国房地产百强企业"，并蝉联"中国房地产城市更新优秀企业"称号，这是福星惠誉第17次荣获百强房企殊荣。同时，得益于长期区域深耕，稳健的经营策略，综合实力位居区域前茅，获评"2022湖北省房地产公司TOP10"。

一、战略规划

国家"十四五"规划纲要指出，加快转变城市发展方式，统筹城市规划建设管理，实施城市更新行动，推动城市空间结构优化和品质提升。高质量发展时代来临，城市更新成为房企寻找增长点的新赛道，福星惠誉抢占发展风口，打造专业领先品牌，走出了自己的特色道路。

过去21年间，福星惠誉累计投入城市更新改造资金逾千亿元，形成了城市更新领域综合优势，成为行业领先的典范。随着城市化建设的不断迈进与人居生活的不断丰富，福星惠誉积极调整发展战略，借由城市飞速发展的风口，将目标锁定为构筑全方位的生活场景，以"城市更新与幸福生活服务商"

为定位,"城市更新"是过程,"幸福生活"是最终目标。

通过积极奋进、开拓创新,福星惠誉在企业经营能力、管理水平、品牌价值、多元发展、社会责任等方面持续改进、不断升级,开始了新一轮成长,借力城市飞速发展的时代风口,福星惠誉努力为客户构筑全方位的幸福生活场景,力争成为中国一流的城市更新与幸福生活服务商。

二、业务体系及区域布局

1. 业务体系

福星惠誉是国内最早参与城市"三旧"改造("城中村"及旧城、旧厂)的上市公司之一,21年矢志不渝,积极推动城市的更新进步,在规划设计、土地整理、基础设施、商业配套、物业服务、产城融合等方面为中国城市更新提供科学系统的解决方案。

在城市更新领域,福星惠誉先后参与武汉、北京等地的"三旧"改造,形成了"一、二级联动"和"城市核心区运营"的开发模式,相继打造了国际城、水岸国际、东湖城、红桥城、福星华府、月亮湾壹号、星誉国际等一系列大型城市核心区标杆项目。通过这一系列城中村旧城改造的成功范例与模式探索,福星惠誉成为武汉城市更新的生力军,为城中村旧城改造积累了大量成功经验,被连续评为"中国房地产城中村旧城改造专业领先品牌""中国房地产城市更新综合开发专业领先品牌价值TOP10"。

在商业配套、物业服务领域,福星惠誉与城市衣、食、住、行、产、物业等板块深度渗透、交互发展、有序推进,初步形成完整的产业生态链,品牌影响力与日俱增,打造了群星城购物中心、福客茂、汇金中心、漫时区、福莱中心等商用物业;通过配套功能的丰富与提升,优化物业服务、完善客户管理等,提升公司美誉度,改善了人居生活质量,实现对城市区域的综合运营,为人们提供了全方位的优质服务,实现了"住商板块"双翼振翅的战略转型。

在这一过程之中,福星惠誉进一步创新商业思维,坚持差异化、主体化、特色化,其提升零售商业地产成长力、竞争力的发展逻辑,受到业界认可。

通过对城市区域的综合运营，为城市更新与升级注入了新的发展活力。

在产业地产领域，福星惠誉坚持产城融合、以产兴城，在实践方面屡有建树，先后开发了武汉中小企业城、海峡创业城、国际企业中心、光谷总部国际、未来之光等代表项目，探索打造本土产城融合专业领先品牌，走出了自己的特色道路。

2.区域布局

中国已进入城市群发展的集中建设阶段，核心城市群、城市圈等区域将是未来中国最具发展潜力的区域。2022年3月，《国家发展改革委关于印发长江中游城市群发展"十四五"实施方案的通知》正式发布，标志着城市群建设进入全面加速阶段。福星惠誉持续推进"强化核心优势、聚焦重点区域、深化全国布局、完善产业生态、做大资本平台"发展战略，在深耕武汉市场的同时，已在"京津冀都市圈""长三角经济圈""珠三角经济圈""成渝经济圈""长江中游城市群"等主流城市群完成战略布局，先后进入北京、成都、宁波、西安等城市。

3.社会责任

作为一家品牌企业，福星惠誉多年来始终积极承担社会责任，致力于乡村振兴、绿色环保、教育扶贫、抢险救灾等公益活动，先后荣获"湖北省爱心慈善奖""中华慈善突出贡献企业奖"等公益大奖，"大爱武汉志愿者公益行动"获得中宣部、中央文明办颁发的"全国最佳志愿服务项目"荣誉。

三、产品理念

福星惠誉顺应时代的命题，越来越注重健康与住宅的深层关系，倡导健康生活方式。通过精心选址，科学考量，打造绿色生态人居精品。北京福星惠誉·京澜誉府、成都福星惠誉·青城府、西安福星惠誉·美术城云玺、宁波福星惠誉·山语江院等一批低密度绿色人居地产项目延续了公司一贯的精品风格，销售业绩良好，赢得各地市场与客户的广泛认同。

2021年，福星惠誉注重加强对市场形势的科学研判，提升研发力度，以绿色、智能、品质为发展方向，精研绿色地产，打造科技大宅，以更加先进的设计考量和配置标准，重塑产品的健康宜居特性，引导和升级规划设计理念，助力人居品质持续提高。位于武昌内环滨江商务区的福星惠誉·月亮湾壹号持续热销，成为武汉楼市一道靓丽的风景。作为福星惠誉最新创新升级产品代表，契合城市对于幸福生活的落点，矗立长江之畔，匠筑经典，诠释了福星惠誉城市更新领域的创新成果。

堪称"汉口正席"的福星惠誉·星誉国际，在土地供应稀缺的二环内"新造"一个百万平方米焕新生活区，2021年开盘以来持续热销，领跑区域市场，凭借独到的产品开发理念和创新精神，被评选为"典范项目"。这标志着福星惠誉审时度势，紧抓发展机遇，把握市场主流需求，回归产品本源，筑造精品，朝着高质量发展阶段迈进。

图3-23　福星惠誉·星誉国际效果图

结语

以绿色、智能、品质为发展方向，打造绿色科技品质人居，助力城市的更新升级，福星惠誉通过福星惠誉·月亮湾壹号、福星惠誉·星誉国际等经典作品，实现城市价值和人居品质的可持续发展，为满足人们对幸福生活的追求做出更多贡献。

第四章

从有住房到住好房，筑造美好人居环境

第四章 从有住房到住好房，筑造美好人居环境

房屋和居住社区作为人民生活的重要载体，承载着人们对美好生活的梦想和向往。随着人民消费理念和生活方式的快速迭代与升级，房地产从单一居住属性发展到更加聚焦人性和自然法则，将美好、文化与艺术注入产品灵魂中，持续升级产品理念、功能以及结构，创造和引领高质量生活场景，持续改善人居生活环境。

建筑大师山本理显在《地域社会圈主义》中提到，"改变居住的方式，就是改变城市"。新型建筑模式和产品可以改变人们的传统生活，创造良性循环的生活保障系统，让人们的生活更加便利、舒适，邻里和睦相处。房地产行业回归产品时代，几乎所有龙头房企都在强调产品品质上台阶，品质树标杆。在这个重要的转型期，房企对产品力的认知、理念、方向出现分歧，部分企业始终坚持"产品为王"，部分企业则从"产品"发力，继续加速规模化扩张。2020年新型冠状病毒感染的疫情给行业带来冲击，引发了很多关于提高房地产产品综合品质，特别是打造健康便捷、管理有效的居住环境的思考。

伴随着人们生活观念和价值期望的变化，以及对美好生活追求的不断提高，房企需要把握客户更深层次的需求，持续升级产品理念与产品战略，不断打造创新型产品，以和谐宜居、绿色健康、智慧服务的产品为居民带来生活的幸福感，赢得客户与市场的尊重。

第一节　户型百花齐放，打造优居生活空间

随着房地产市场化的不断发展，以及居民家庭结构和消费观念的变化，房地产市场已经逐渐由卖方市场向买方市场转变、由以投资主导向以消费主

导转变，由单一市场向细分市场转变，由以增量市场为主向以存量市场为主转变，房地产企业跟随全国经济发展步伐，提供适合时代的产品，真正将"居住改变生活""创造美好生活"变成现实。

在此过程中，房地产企业从满足基本住房需求转向提升住房品质和改善人居环境。一方面是产品结构的不断演变，从最初以大中户型产品为主，到以中小户型刚需住宅为主，再到逐渐增加大中户型改善型产品比重。另一方面是产品功能的不断提升，从最初着重打造明星项目，到明晰产品线、快速复制品质产品，再到着重完善硬件以外的物业、养老、休闲等软件设施与服务，真正提升居民居住体验。近年来，随着人口结构逐渐老龄化、三孩生育政策出台，房地产企业融汇绿色科技，开发出一系列致力于满足全部家庭成员全生命周期的产品。

户型作为居住空间的显性体现，每个年代都有对应其时代特征的典型户型。在中华人民共和国成立后的很多年里，我国城镇住房供给主要靠福利分房，房屋以筒子楼、单身宿舍为主，居住拥挤且户型单一，户内无上下水，需要与其他人共用卫生间及洗漱场所，生活私密性较低。直到20世纪80年代，国家进行住房制度改革，商品房逐步兴起，才开启户型结构的迭代升级之路。当前，房地产市场竞争日趋白热化，房企深入分析置业者的各种生活场景，不断优化户型结构，打造出更加宜居的住宅产品，在竞争中凸显产品力优势。

从1980年到2020年，中国居住户型变迁的过程大致经历了四个阶段。首先，20世纪80年代的单元房，使得住户拥有了私人厨房和卫生间，让家庭的概念在空间上得以深化；第二，20世纪90年代，客厅作为单独空间帮助住户实现了居寝分离，同时户型讲究方正、南北通透等要素，居住体验得到提升；第三，21世纪初，房屋的户型设计更加重视舒适性和个性化，书房兴起，错层、跃层、双拼房等户型出现，增加了居住的趣味性；第四，2010年以后，户型更加多样，出现了复式、loft、超小户型、N+1、上下叠等户型，同时流行起宽厅、方厅等户型结构，各种推陈出新的户型变革影响着人们的购房行为，也让人们感受到不同的生活体验。

图4-1 居住户型四十年变迁

1.厨卫独立

20世纪80年代初,伴随着改革开放的不断深入与我国经济迅速发展,人们对居住空间的需求开始有了以家庭为单位的完整概念,渴望"成套房",单元房应运而生。单元房特指每户有私人厨房和卫生间的居民楼户型,与筒子楼和团结户相对,相当于西方的公寓(Apartment),住户除了出入自己的单元之外,无须和别人共用空间。

主流单元房面积在80平方米以下,不配置电梯,2~3个卧室,一个卫生间,无厅或客厅、餐厅多在一个空间混合使用,卧室为主要活动空间。20世纪80年代中期,为了在给定空间挤进更多套住房,出现了格局不方正、朝向较差的单元房,甚至有一些单元房朝向完全朝北或东西向。

2.居寝分离

20世纪90年代,改革开放已经进行了10余年,城市变化日新月异,人们开始接触更多的商品房。当时的户型和现在已经很接近,开发商开始研究户型方正、南北通透、采光等因素,提升居住的舒适性。1998年,房地产市场正式进入商品化时代,户型的开发和设计不再主要服务于分房单位,而是直接面对消费者,消费者的居住感受可直接影响户型的设计。1999年,由建设部修订的《住宅建筑设计规范》(GB 50096—1999)明确提出了对于起居室(厅)的要求,并对各房间的最低使用面积标准进行了相应的调整。

《住宅建筑设计规范》（GB 50096—1999）中对不同功能居室的最小使用面积进行了规定。《住宅建筑设计规范》将普通住宅分为四类，其居住空间个数和使用面积不宜小于表4-1中要求，同时规定，卧室之间不应穿越，卧室应有直接采光、自然通风，双人卧室面积不宜小于10平方米，单人卧室不宜小于6平方米，兼起居的卧室不宜小于12平方米。起居室（厅）应有直接采光、自然通风，使用面积不应小于12平方米。起居室（厅）内的门洞布置应综合考虑使用功能要求，减少直接开向起居室（厅）的门的数量。起居室（厅）内布置家具的墙面直线长度应大于3米。无直接采光的厅，其面积不应大于10平方米。

表4-1 《住宅建筑设计规范》对居住空间面积的要求

套型	居住空间数（个）	使用面积（平方米）
一类	2	34
二类	3	45
三类	3	56
四类	4	68

注：表内使用面积均不包括阳台面积。

3. 书房兴起

2000—2009年，房屋的户型设计更加重视舒适性与个性化。在餐、居、寝分离的基础上，这个时期的户型中，"学"的空间被提到重要位置，许多大户型都设有书房。此外，交通流线开始清晰，独立的玄关、公共空间、客用卫生间的设计都在这一时期得到完善。主卧室的功能性也更加突出，如今很多中高端项目的主卧室都采取了套间设计，兼有衣帽间与卫生间，这也是从那时开始兴起的，并且卫生间设计更加注重干湿分离。

2005年，房地产市场火热，房价经历了急剧上扬，房子不愁卖，户型受购房者关注的程度降低。这个阶段户型结构相对单一，但房屋面积普遍较大，很多房屋面积超过了120平方米。与此同时，大面积大纵深的豪宅开始涌现，面宽9.8米、进深15.6米、面积达150平方米以上的大户型被很多豪宅设计所采纳。

2006年，国家开始宏观调控，楼市也进入调整期。房子没那么好卖了，各种新奇的户型、超高利用率的设计开始涌现。同年，国务院出台规定要求，"年度居住用地供应总量的70%，必须用于中低价位、中小套型普通商品住房（含经济适用房）和廉租房""套型建筑面积90平方米以下住房所占比重必须达到开发建设总面积的70%以上"。此为业界俗称的"90/70"政策，也是提倡开发商设计中小户型的政策。但在政策执行过程中，不少开发商为规避"90/70"政策，提升楼盘整体品质，打造豪宅概念，以满足高端客户对大户型住宅的需求，把两套房按一套房来设计开发，将两个90平方米以下的小户型拼在一起作为一个大户型进行销售，购房者拥有两个不动产权证，双拼户型由此应运而生。

受政策影响，这个时期住宅的建筑面积普遍在90平方米以下，卧室、起居室的开间较以往均有所缩小，户型多为舒适性的两室一厅。这一时期的商品房市场一批紧凑型的户型开始登上历史舞台。这时，户型的好坏已不再是锦上添花，而是直接决定项目是否成功的重要因素。5.6米挑高客厅、增加飘窗和阳台等赠送部分、高利用率的loft产品等，成为"90/70"政策出台后的户型设计新方向。这一时期掀起的户型创新，更多的是从一些细节着手，允分挖掘产品的附加值，提高使用率，使消费者能买到更高性价比的产品。

此外，这一时期错层、跃层房等户型出现，满足购房者个性化需求。错层是指一套住宅内的各种功能用房在不同的平面上，用30~60厘米的高度差进行空间隔断，层次分明，立体性强，但未分成两层。跃层户型是指一套住宅占两个楼层，由内部楼梯联系上下层，一般在首层安排起居室、厨房、餐厅、卫生间，二层安排卧室、书房、卫生间等。

4.百花齐放

户型的变迁与经济发展、家庭结构、生活习惯等多种因素息息相关。近十年，居住户型种类更为丰富，既有满足刚需的小户型、过渡性住房的loft，也有符合改善需求的中户型，以及舒适、奢侈的大户型等，满足市场差异化需求。近几年，伴随着"房住不炒"理念的持续深入，房地产开发商深入理解用户需求，不断推出各种户型，进入了一个"百花齐放、百家争鸣"的时期。

2010年以来，早期以"限购""限贷"为主的新一轮调控政策，打击了投资投机客群，楼市基本成为自住型需求的市场。开发商在设计户型时，分别针对首次自主和再次改善需求进行设计。限购后，购房群体对于住的要求更加精细化，适合刚需的70~80平方米的小两居、90平方米的小三居都是这一阶段比较受欢迎的产品。小户型不仅成为开发商主要的供应产品，同时也是淡市下的突围产品。开发商在研发小户型产品时，更多考虑购房者的真实需要，更人性化地将每一平方米空间利用充分。除此之外，"送露台、送入户花园""90平方米可以做到120平方米""魔方户型""可变空间"等创新户型也不断涌现，户型的设计主要是为了迎合购房者需求，突出空间利用率等。

客厅作为家庭在室内活动最广泛的场所，同时也是家庭在购房时最关注的功能空间。客厅所体现的不仅仅是会客起居的作用，更展现了家庭生活的方式，对居住的理解以及对家的感悟。目前，新建房屋客厅的户型结构主要为两种，即宽厅和方厅。

宽厅：所谓"宽厅"，是指客厅的开间大于进深，客厅和餐厅横向相连，且都在同一采光面。宽厅多用于面积较大的改善型户型或者洋房，在普通面积段的高层住宅里比较少见。宽厅设计基本已经成为改善型住宅的一个标配，逐渐成为户型的流行趋势。宽厅有以下几方面优势：① 空间舒适大气：宽厅空间一般宽度达到7米以上，空间尺度感更强，营造奢华社交空间，具有豪宅的气质，具有竖厅完全不同的居住体验；② 良好的通风采光和景观视野：宽厅窗户一般宽度达到6米以上，拥有更大的采光面和更好的通风，拥有更大的景观视野；③ 户型可实现零走道空间：宽厅设计可以把走道空间纳入客厅和餐厅空间中，提高户型的使用效率，大大减少套内空间的浪费；④ 空间灵活、生活多变，宽厅设计为客厅和餐厅带来更多的可能性。

方厅：传统客厅多以客厅为中心进行线性布局，单一连接餐厅、厨房，线条单程，按功能进行空间切割，家庭成员间的互动性较弱。在方厅的活动范围内，家庭成员将处于同一视线区域，日常活动在中心区域进行多元融合，将有更开阔的空间实现全家庭共享功能。

可变户型或成趋势。当前房地产市场各类户型的产品已经十分丰富，但由于房价高以及限购等，许多购房者往往想着购买一步到位的住房，这就要求住宅要随着家庭生活的变化具备"灵活多变"的功能，解决一个家庭在不同阶段的居住需求。譬如对于年轻人来说，由于经济实力所限，所能购买的住房一般为中小户型。但随着个人事业的进步以及家庭人口的增加，就有了扩大居住空间的需要，经济上也具备了一定的支付能力。经过一段时期，由于老人故去和子女独立，家庭居住人口又会随之减少。如果户型的设计能够赋予户型以充分的灵活可变性，那么住户就可以根据需要比较灵活地对其居住空间进行调整，扩大或缩小一些功能空间。此外，可变户型的设计也将方便子女和老人共同生活。

专栏4-1 华宇集团：从"户型专家"到"空间专家"，地产工科生产品再迭代

华宇集团是一家以地产、优家、建设、金融为一体的全球多元化运营集团。华宇企业成立于1983年，华宇地产成立于1995年，华宇物业和商业公司成立于1997年，业如金融公司发端于2014年。华宇集团肩负"责任筑造理想家"的崇高使命，秉承"责任华宇，幸福一生"的品牌理念，恪守对社会负责、对企业负责、对自己负责的价值观，奉行"创新、责任、诚信、稳健"的文化理念，以服务社会、创造价值为企业目标。

华宇集团从重庆起步，凭借华宇龙泉大厦、华宇都市家园、华宇广场、华宇金沙港湾等多个精品项目获得市场与口碑。2006年华宇进驻成都，先后开发华宇锦城名都、华宇阳光水岸、华宇蓉国府、华宇阳光尚座、华宇天府花城等项目，进一步深耕西南市场。随后，华宇开始加快全国扩张步伐。

截至目前，华宇集团累计开发楼盘286个，遍布重庆、天津、广州、南京、杭州、成都、武汉、西安、郑州、沈阳等30个城市，开发规模逾3200万平方米，商业运营面积逾200万平方米，回馈社会慈善捐款超4.6亿元。

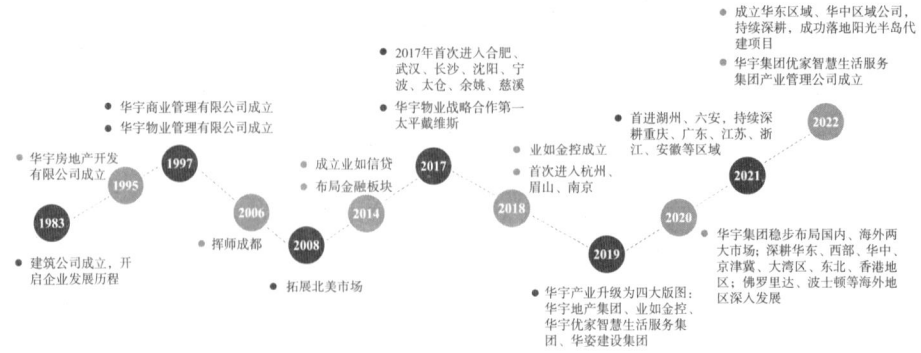

图4-2 华宇集团发展历程

一、企业产品线

1.华宇地产集团

作为行业内第一个提出"工科生背景的产品经理"定位的品牌,华宇在"品牌+产品"驱动下,不断升级和完善产品系,从"御璟系""锦绣系""时代系""林语系"四大产品体系的诞生,到优+1.0的提出,再到2019年,华宇提出优+2.0体系,华宇"产品经理"的角色定位愈加清晰。

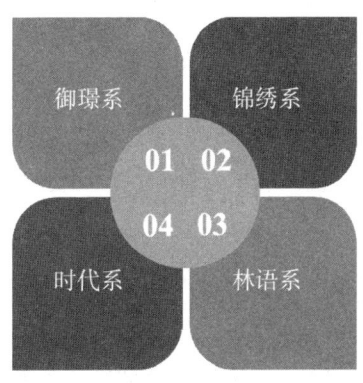

图4-3 华宇地产集团四系住宅产品标准

2020年5月,华宇启动了"读城"计划,在16个典型城市开发的69个项目做了约14800份问卷调查,以及超过1300次的入户业主和客户深访。通过分析、调研客户需求,精细化解读出不同城市客户的敏锐点,数据化分析出主流客群对于空间的功能要求,形成了华宇独到的洞察报告。在"趋势、洞察"基础上"体系化"提出产品解决方案,这让工科生基因的华宇集团拥有了趋势领先、研发领先、产品领先的优势,也让华宇具备了打造爆款产品的能力,同时为华宇优+2.0版本的升级迭代提供了坚实的科学依据。

2021年,华宇根据客户洞察报告,将客户的需求浓缩提炼为华宇产品线"华宇优+"迭代的三大原则打造产品力:一是室内空间转折,做到极致而好用;二是室外空间,进一步强调陪伴和参与性;三是基层空间,也就是华宇的产品需要具备城市级的审美,实现对空间的精益求精追求。至此,华宇对自己的整体产品线要求已从"户型专家"提升到"空间专家"。

（1）室内空间：极致而好用

华宇对极致而好用的产品力表现有三重不一样的理解：满意的小，平衡的中，有为的大。可以理解为，华宇每一个极致的户型，都源于对客户需求的细分。

①满意的小：指留在城市核心区，又能够满足家庭居住的最低门槛、最低面积段的一个极致刚需产品。华宇在81平方米的户型中可打造出双卫、5.3米的横厅、全景阳台以及全尺寸的套房，即便三代同堂，也不觉拥挤。这便是满意的小。

②平衡的中：指华宇在进阶型的改善产品里，在有限的面积段里面，去满足进阶型改善性客户的需求。

在这一方面，华宇旗下的锦绣玺岸项目一线临江，位于一个崖线上，最大的崖线高差达46米。在这个项目设计的过程当中，华宇第一考虑的就是如何对这个高差进行极致的利用，其对高差的分析是以厘米级作为单位的。正是因为这种对高差极其精细化的利用，最终给华宇带来了极致面积与稀缺资源的平衡。同时，华宇针对这种进阶型改善型的产品，死守144平方米的红线，通过空间上的变化，实现了多层合院的叠拼样态。

③有为的大：对于客户关注的任何一个敏感空间，华宇都会用一个前所未有的大尺度呈现出来，最终通过这种尺度的呈现，让客户产生前所未有的体验感受。这就是华宇所谓的"有为的大"。

华宇天境项目户型为230平方米，只做了四房两厅三卫，但是却拥有极致的客餐厅、挑空，一个非常大的主卧室套房，以及一个270°超大转角阳台。

由此，对于室内空间，华宇的准则是：满足的小，平衡的中，有为的大。而这种极致空间的理念，使得华宇从户型专家迈向"空间专家"。

（2）室外空间：陪伴参与性

华宇把过去室外空间单一的景观体验升级为全家庭的陪伴参与，主要落脚于两点：第一点是儿童游乐区，第二点是模块架空层。

华宇将儿童游乐区命名为"星宇乐园"，并形成完整、可以量化的标准——"345+1"原则。对比之前不仅进行了规模升级、年龄细分、IP导入的升级，更从实用性的角度，提出了3∶7面积分配、2+小时照明辅助、10+项必备功能等全新标准，充分考虑了家长陪伴的功能空间打造。

华宇把产品中的架空层分成了三个空间形态，分别是全封闭、半开放式以及开放式，在不同的空间里植入不同的功能，比如在封闭性空间里解决4点半学堂、社区图书馆；在半开放的空间里解决老年休息区、邻里会客厅；在全开放的空间里解决健身和儿童游乐区。

（3）精神空间：城市级审美

精神空间，是华宇创新性提出"让建筑与城市相伴，成为一抹美丽的风景线，让美学融入日常，再造我们的生活方式"。华宇新一代产品中的建筑风格的立面，运用极其简单的线条，然后用深浅色调的搭配，再加上材质和光影的选择，建筑美学细节点的突破，在未来华宇的产品当中，建筑美学、建筑审美也成为华宇的一张名片。华宇所理解的精神空间，就是通过建筑美学、景观美学等方面来呈现出的城市级审美。

2.华宇优家智慧生活服务集团

华宇优家秉承"客户至上，融合发展"的企业发展观，是以基础服务为根基、以服务平台为介质、以智慧科技为手段的大型多元化的产业综合运营商，现已成为华宇集团业务新基石。服务业态涵盖了物业服务、商业运营及产业发展等多个领域。坚持与城市共融发展，将发展理念融入城市肌理，始终保持敏锐的市场洞察力和强劲的市场竞争力，以至臻服务，敬献每一座进驻城市，不断向着"幸福生活服务商典范"的目标迈进。

二、典型项目案例

1.华宇锦绣玺岸

华宇集团匠著锦绣玺岸，项目择址重庆"两江四岸"、长江人文艺术湾区，于一线江岸匠筑约16万平方米长江头排低密墅区，以层层退台式设计，实现宽阔观江视野。项目毗邻轻轨2号线建桥站、万达广场，静享义渡公园、思源公园、崖线公园（在建）三大公园鲜氧森活，义渡古镇、重庆工业文化博览园、艺度创文化产业园等文旅景点环伺。

锦绣玺岸位于崖线之上，最大的崖线高差46米。在这个项目的设计过程中，华宇高差的分析是以厘米级作为单位。正是因为这种对高差极其精细化的利用，最终给华宇带来了极致面积与稀缺资源的平衡，实现了多层合院的叠拼样态。

2. 华宇御璟悦来

御璟悦来，由华宇、华侨城、旭辉三雄联袂，择址两江新区悦来，以华宇渝派之心，融入华侨城文娱之彩，加之旭辉海派行者之技，锻造国际生态人居理想典范3.44平方公里悦来生态城，邀世界新城市主义大师彼得·卡尔索普规划设计生态城以TOD模式为主导出行系统。华宇室外空间主推IP星宇乐园落地御璟悦来，作为首个落地项目，"星宇乐园"体验项目多达15个，从审美、互动、成长等角度分为三大部分：宇宙主题IP，亲子互动共玩，户外创造力课程。

3. 华宇御临府

华宇御临府项目总建筑面积约30万平方米，涵盖小高层、洋房、别墅等业态。位于龙兴核、御临河畔，拥有得天独厚的山水景观资源；与天街为邻，接驳龙兴十字金街，紧邻轨道4号线，九大主题公园环绕，成就龙兴封面人居著作。

城市级审美上，御临府建筑外立面带来现代极简的感受，内部原木构筑的空间功能及流线与建筑结构本身形成良性互动，木构件弱化了空间的空旷感，并增加了空间的层次感与写意性，一整面的玻璃幕墙和折角，让整体呈现出层次清晰、错落有致的气质。重庆华宇御临府艺术中心更是凭借出众的设计感与美感，荣获2019美国国际设计大奖。

华宇集团荣膺"2022房地产开发企业稳健经营TOP10"第3位，连续18

年中国建设银行AAA级信用企业、连续15年中国民营企业服务业100强、中国民营企业500强，具有国家一级房地产集团资质、一级建筑施工资质、一级物业服务资质。未来，华宇集团将继续贯彻"行稳致远、创新发展"的战略思想，用稳健的发展步调，迈出稳中求进、坚实有力的步伐。

第二节　服务跃升蝶变，赋能智慧生活方式

物业管理的推进与发展，改善了广大居民的生活与工作环境，推动了两个文明建设，为促进住宅建设成为新的经济增长点和实施社会再就业作出了积极贡献，对提高居住质量和维护社区安定发挥了重要作用。一方面，物业管理通过开展多项服务，使得房屋获得及时修缮，小区环境整洁，社区文化生活丰富，居民生活方便，生活质量明显提高。另一方面，实行物业管理以来，保安人员配合协助公安部门对小区实行24小时安保，对预防和制止刑事犯罪以及及时制止可能发生的火灾、燃气泄漏、爆炸等恶性事故起到重要作用。

随着城镇化水平持续提高、居民收入水平提升及消费不断升级，物业管理市场日渐广阔并不断受到重视，行业政策也逐步由规范向支持、鼓励演变，行业正在步入黄金发展期。服务品质是物业服务企业的生存与发展之本，企业以初心勾线，以匠心施彩，专注服务细节，拔高服务标准，推动行业高质量发展。资本市场上，从被冷落到受关注再到受重视，越来越多的企业开始走上资本舞台，企业价值获得重新定位，资本成为企业加速发展的助推器。互联网的应用经历了从无到有，从概念逐步走向现实，行业科技含量快速提升。这一系列利好因素推动行业规模持续壮大，行业的社会地位也显著提高，成为推动经济和民生建设、维护社会和谐稳定、促进城市可持续发展的重要行业。

物业服务企业快速成长，逐步由传统服务型向现代服务型转变，从主要依靠基础物业费收入的微利经营模式向规模化、专业化、标准化、多元化、智能化的创新模式发展，成为用心守护业主美好生活的中坚力量。一方面，物业服务企业基于互联网与大数据、物联网等技术，打通线上线下网络，通过搭建智能服务平台，在实现企业降本增效的同时提升业主体验。另一方面，物业服务企业将各类服务标准化、规范化，在服务理念上不断升级，形成标准化、立体化的多层次服务体系，切实提升服务品质，全方位缔造美好

生活。

随着2014年后"互联网+物业"模式的推出,住宅和社区功能科技化与智能化趋势日渐凸显。住户对服务需求的及时响应、服务内容的实时更新、服务质量的有效反馈、生活的便捷性和高效性等多方面有了新的诉求,仅限于在社区内成立物业办事处的线下沟通、上门跑腿服务已远不能满足住户的需求。物业服务企业也转而关注与业主的沟通效率、服务讯息的有效传达、社区设施设备智能化等智慧物业要素。目前,大多数物业服务企业都将科技赋能放在未来发展的重要战略位置,经营理念从"物的管理者"转变为"品质生活服务商"与"资产赋能者"。

事实上,物业服务与科技的碰触早在十年前就已开始,如长城物业2012年已经启动一应云平台建设,探索运用IT技术提高物业管理效率;2013年彩生活率先将基础物业管理与移动互联网融合,推出彩之云App,正式开启行业的互联网化进程。2015年,"互联网+"概念横空出世,并被写入政府工作报告,之后越来越多物业服务企业开始了与"互联网+"的碰触,利用

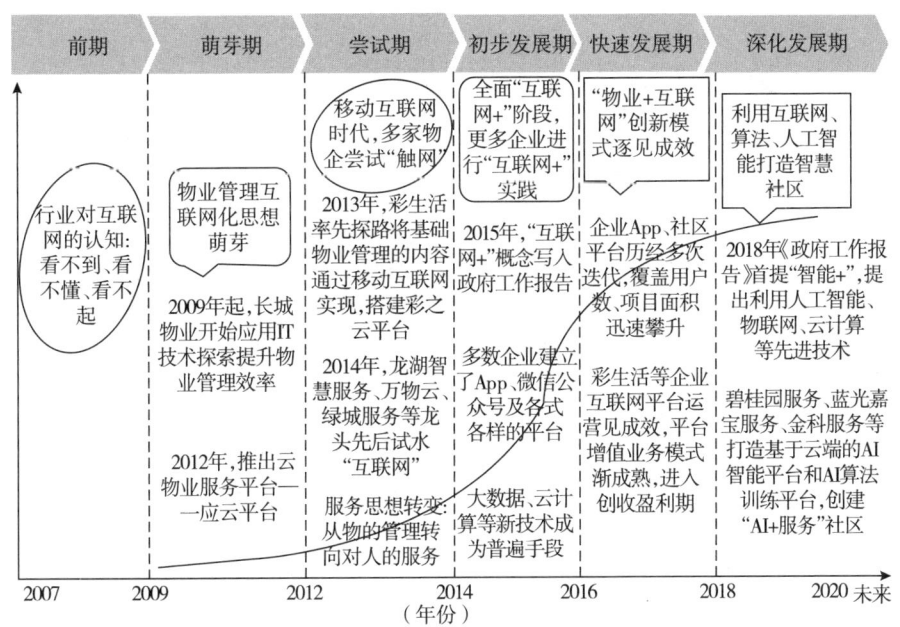

图4-4　物业服务的科技化思维变化轨迹

"互联网+"思维和工具进行商业模式的变革与实践,掀起行业搭建社区平台的热潮。随着新技术持续投入,平台建设和运营不断深化,"物业+互联网"创新模式逐渐显现成效,为企业创造越来越多的附加值。2018年政府工作报告中首提"智能+",提出综合利用人工智能、物联网、云计算等先进信息技术。优秀物业服务企业紧跟新形势,积极实践物联网、人工智能与物业的融合,打破物理空间隔离,实现万物互联、智能管控,持续提升和改善服务,打造智慧社区。2020年以来,更多企业在人工智能方面的应用产品陆续实现落地。

在移动互联网、物联网、大数据处理以及云计算等核心技术的促进下,社区价值被重新定位,物业服务企业发挥自身拥有物业项目和客户资源的优势,通过将各类信息系统和资源进行整合,搭建以社区为中心的生活服务平台,多层次延伸服务,发掘新的利润增长点。自2014年以来,许多大型物业服务企业前瞻性地开展社区经济探索,陆续搭建起自己的平台。不同平台尽管开发程度不同,但都是在提供基础社区服务的基础上搭载了其他服务内容和形式,围绕业主生活服务链,多角度挖掘社区消费者,有效捕捉并满足客户的需求。

物业服务企业搭建起社区平台后的服务模式主要有以下两种:其一,开

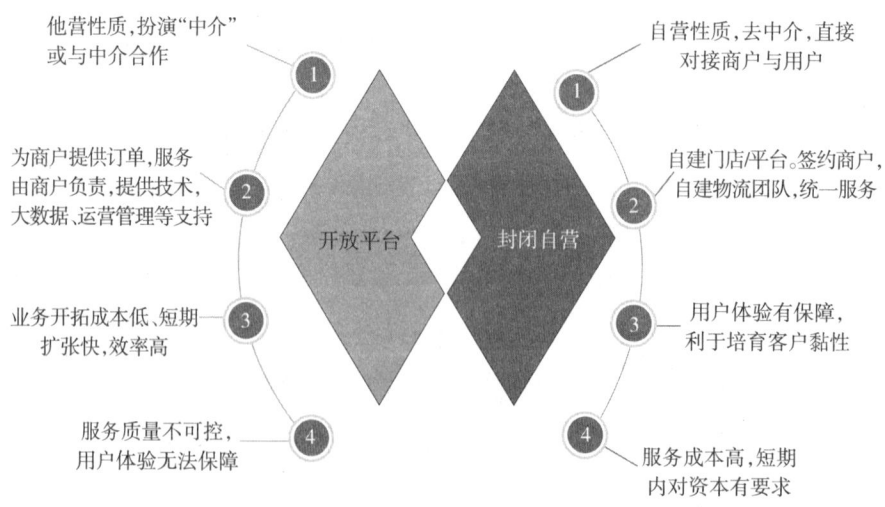

图4-5 物业服务企业搭建社区服务平台的运营模式

放平台式，物业服务企业将自身搭建的平台开放给其他外部供应商，自身扮演"中介"的角色，利用大数据为商户提供订单，服务也由商户负责，而企业只是赚取平台佣金费用；其二，封闭自营式，物业服务企业自建门店或平台，自建物流团队，采用去中介化的形式，直接对接商户与用户，确保为业主提供统一的服务。在实际的业务操作中，大部分企业已经投入使用的平台都选择了将两种模式相结合，只是根据自身社区规模、经营项目等的差异，不同企业两种经营方式结合使用的比例不同。

社区服务平台的建立，改变了企业过去的经营模式，孵化出更多增值服务，涵盖社区消费需求的整个服务体系，包括衣食住行、居家生活、养老服务、健康医疗、教育等，以互联网技术为核心的社区增值服务，具备巨大的市场和利润空间。物业服务企业通过引入第三方供应商、加盟商，跨界经营，实现业主、第三方企业与平台的多方共赢。

随着企业平台建设的深化，增值服务业务范围持续扩大，并逐步由低附加值的业务向家庭金融、资产管理等具备较高专业度、高附加值的业务升级和拓展。2021年，十部委通知明确鼓励物业服务企业探索"物业服务+生活服务"模式，满足居民多样化多层次居住需求。物业服务企业在2020年疫情考验下的价值充分彰显，进而被赋予了"基层社会治理单元"的内涵，社会地位持续提升，加之与业主长期建立的信任关系，使其可以参与服务业主家庭生活的各个方面。我国的住宅小区具有非常明显的连片式、高密度、集中化特点，这也使得物业服务企业布局增值服务具有巨大潜力。同时，居民收入水平提高叠加消费升级，居民对于物业服务的要求也越来越高，早已不限于基础的"四保"服务，也愿意为更多的优质服务买单。随着"社区经济"的崛起，物业服务企业立足于传统的物业服务基础之上，也在不断尝试突破服务边界，拓展服务范围，为业主提供更具价值的多元化服务。

物业服务企业围绕社区里的"人""物""空间"，布局多样化的增值服务，便捷业主生活，凸显"最后一百米"的价值。目前，物业服务企业提供的增值服务主要可以概括为三大类。第一类是聚焦业主生活需求的社区增值类服务，以社区服务平台为枢纽，打通线上线下，提升渠道和供应链能力，为业主提供社区零售、团购、家政、餐饮等服务；第二类是围绕业主资产的运营管理服务，针对业主的房屋、汽车等资产提供房屋代理、家装、汽车养护等服务；第三类是对社区闲置空间进行充分利用，如出入通道、车库、电梯、自助售货机等，盘活社区资源，提升空间资源业务收入，同时与业主共享收益。

表4-2 部分物业服务企业提供增值服务种类

企业名称	增值服务内容
碧桂园服务	生活服务：保姆、日常保洁、月嫂、养老服务、社区团购 资产运营：家居保养、家电清洗、维修、财产保险、花园养护、装饰装修、洗车、充电桩、拎包入住等 空间运营：房屋租赁经纪代理、房屋代管、园区空间服务、社区传媒等
融创服务	空间运营服务、美居服务、房屋经纪服务、车位使用权销售、便民服务及其他
保利物业	美居服务、社区零售、车场管理服务、社区媒体、社区空间管理、社区便民及其他服务
雅生活服务	社区资源：停车场运营、会所运营、社区广告、二手房屋、长短租、租赁服务等 社区生活：小雅快修、小雅园艺、小雅保洁、小雅代办、乐享生鲜、乐享果园、乐享酒庄、乐享粮仓等 豪装装配：毛坯装修、家居配套、房屋翻新、拎包入住等
新城悦服务	拎包入住服务、零售服务、餐饮服务、设备设施服务等
滨江服务	居家生活服务、定制家装服务、物业代理服务、车位及储藏室销售

资料来源：中指研究院综合整理。

（1）社区生活服务

占据着社区入口的物业服务企业更容易与业主建立联系，也具备向业主拓展社区生活服务的天然优势。社区生活服务主要是解决居民的日常生活需求，以满足业主的多样化需求为核心，服务内容广泛，包括医疗健康、家政服务、电商购物、社区金融、社区养老、教育培训等。这些服务内容与居民的生活息息相关，与其他社区服务相比发展更为成熟。

(2）资产运营服务

住房和汽车是大多数业主拥有的主要资产，对这两类资产的维修养护是业主的刚性需求。因此，物业服务企业在布局社区生活服务的同时也包括了家居装配和汽车服务等业务，满足业主资产的增量需求。资产运营服务还包括房屋租售代理等。随着城市开发趋于饱和，房地产正逐渐进入存量时代。物业服务企业作为最容易接触业主及业主资产的企业，熟悉社区，容易了解房源信息，具备从事房产销售和租赁业务代理的天然优势，从中赚取固定比例的佣金也能够拓宽自身收入渠道。

表4-3　　　　　　　　部分物业服务企业提供资产运营服务内容

企业名称	具体业务
中海物业	房屋经纪、家居装修、到家服务
金地物业	拎包入住、装修工厂服务、局部翻新、车位代销
蓝光嘉宝服务	房屋经纪、拎包入住、房屋维修、车位销售
建业新生活	家务管理与清洁、全包式装修、汽车清洁与充电
富力物业	车位代理销售、二手租赁买卖、房屋经纪、美居服务

资料来源：中指研究院综合整理。

（3）社区资源运营

社区资源运营业务能够盘活社区内已有资源，对社区资源进行合理利用，优化资源组合，提高社区资产运营价值。社区资源运营围绕社区内的公共资源和业主资源两大类，进行资源价值变现和资源流通。社区公共资源归全体业主所有，物业服务企业通过用作广告位和租赁两种方式进行运营：可用作广告位的包括常见的LED灯箱广告、高杆灯广告和电梯传媒广告等，也包括一些公共区域如楼宇大堂、泳池、社区广场等；租赁包括固定场地租赁如车库仓储、临时车位、铺位，还包括非固定场地租赁如条幅、易拉宝等。

在搭建全场景智慧化"社区平台"的同时，物业服务企业也不仅仅停留在为业主提供中间服务与介绍咨询的阶段，而是更多地深入业主生活，凭借对社区的了解和优质服务，将自身变成消费产业链中的重要一环。

专栏4-2 金地智慧服务：用心做事，永怀梦想，科技赋能造福城市生活

金地智慧服务1993年成立于深圳，是金地集团旗下专业提供物业管理服务、资产和客户资源运营的平台。经过20余年的经营发展，已成为行业领先的社区服务与资产管理整合运营商。金地花园是金地智慧服务管理的第一个住宅项目。项目占地面积39913.73平方米，建筑面积40115.86平方米。小区建筑面积虽只有4万平方米左右，但绿化面积却达近万平方米，各色景观绿化扮靓了小区，为居民打造优美、绿意的生活环境。金地智慧服务始终关注业主的居住体验，是中国首批物业管理的一级资质企业。在互联网＋时代，金地智慧服务立足服务之本，充分挖掘"互联网＋物联网"的科技应用，依托住宅类业态向多业态（高校物业、办公物业、产业园物业）服务延伸，为向业主和客户提供优质服务而不懈努力。截至2021年6月，金地智慧服务管理的住宅项目共665个，合约面积近3.3亿平方米，服务客户累计约700余万人。

一、规范做事，革新体系，让服务多维输出

自成立以来，金地智慧服务不断升级服务标准，优化服务理念，始终走在行业的前列。2014年，金地智慧物业发布《金地物业岗位标准化服务手册》，以及首个全系列人才培养体系——"长跑系列计划"，为业主带来更加标准化服务；多项社区经营及增值服务业务同时取得阶段性成果。2017年初，金地智慧服务开始进行运营管控模式变革研究，在北京、南京等片区试点运营。2018年，在总结成果与经验的基础上，修订《物业运营管控模式变革工作方案》，明确了片区划分标准、人员配置模型、业务管理标准及流程、职级体系、薪酬体系、激励体系等，并推动东莞公司片区化变革。2019年，完成华南物业、东北物业、华北物业、南京物业、上海物业片区化运营管控模式的全面推广落地，并基于"倍速成长、科技铸

能"的年度主题，匹配集团规模化发展战略，满足项目多元化运营管理要求，于同年3月成立差异化运营管理体系研究工作小组，7月完成《金地物业住宅项目前期承接测算差异化标准》《金地物业住宅正常期项目差异化运营体系标准》，根据住宅小区所处区位、建设规模、物业费单价的差异程度，匹配不同的服务标准，在确保基础物业服务品质的前提下，拓展更多的品质化增值服务。

2017年，金地智慧服务建立并开始实行26°管家体系，包含成长体系、服务体系、品牌体系、运营体系。2020年，企业对其进行第一次迭代，迭代内容主要是更新管家服务为管家"花名"，目的是对客服务平台口径的统一性，让服务不间断、可传递。2021年，金地智慧服务为了高端客户群体，让客户感受到尊崇生活（尊崇、荣尚），对管家体系进行了更精细化的迭代，衍生出金燕尾管家服务体系，升级内容主要是提高了针对管家的岗位硬性要求，并对服务内容进行更精细化提升。

二、科技赋能服务，数据佐证品质，让物业有迹可循

数字化是时代发展的趋势，金地智慧服务自2015年提出数字化发展战略以来，公司在各个业务模块均上线信息化系统，实现数字化转型。同时，金地智慧服务打造出了集物业服务、生活服务、邻里圈于一身的想家社区服务平台——"智想生态圈"，360度全方位构建"智慧"物业。"智想生态圈"可充分借助"想"系列平台优势，围绕社区的公共服务和商业服务，打通上下游产业链条。具体而言，即利用现代化、信息化手段开展高效管理，实现服务者、客户与合作伙伴之间的有机联合，让物业方更好地为业主服务，壮大生态圈，给业主提供全产业链服务。

金地智慧服务还打造了统一的物业客户平台（物业管理后台），高效便捷地实现社区的人、财、物的管理，流程化管理与个性化运营相结合，可建立物业服务标准、流程标准、管家服务体系等标准化管理流程，也可针对各社区做个性化配置。实时掌握社区用户及社区服务人员动态，快速响应用户的服务请求，智能调度社区服务人员，为社区用户提供高品质的物业服务。金

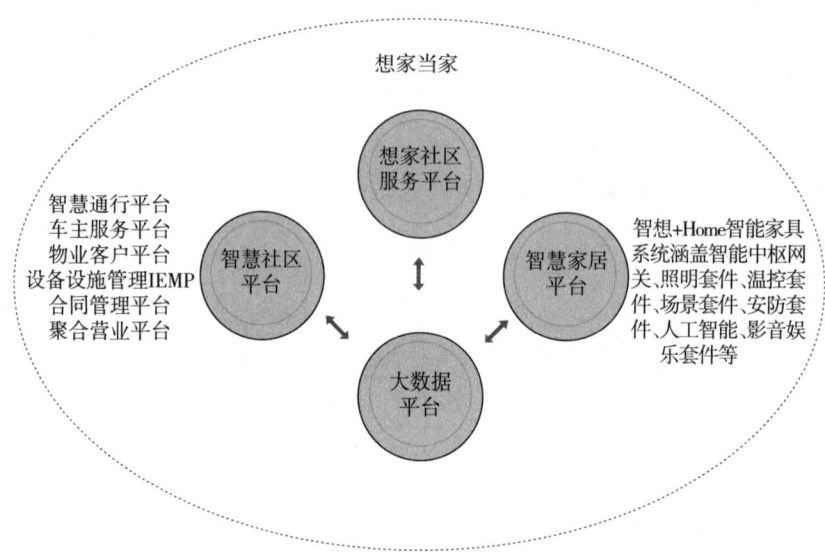

图4-6 金地智慧服务"智想生态圈"

地智慧服务将服务标准与信息化相结合,利用客户端"想家"App、员工端"当家"App、后台端"想家物业管理平台",实现客户与物业线上响应、线下执行、后台监督记录的完美闭环,推动服务标准有效落地。

在物业管理服务中,金地智慧服务认为日常客户需求的响应及时率关系着客户对物业服务的满意度,无论客户是通过"想家"App进行报事,或是通过管家微信、电话等进行的报事,管家及物业其他人员皆在30分钟内进行响应,紧急事件10分钟内响应(如停电、停梯、停水等),为客户提供24小时不间断服务,让客户住得安心、放心、舒心。同时,客户报事解决完毕后,管家会在当日进行回访,客户回访为"满意"评价才可关闭,让客户感受到精品服务。

三、打造优质宜居标杆

1. 上海联洋年华园

联洋年华园由20栋高层组成,总建筑面积23.28万平方米,绿化率为50%,容积率为2.86。小区内部配置有4个独立的地下机动车库、7个非机动车库以及2个儿童乐园,建筑排列结构整体呈"V"字形,楼宇相错,兼具板式建筑的通透和点式建筑的全明优势。小区中心有2320平方米的水景喷泉及联洋新社区白帆标志物,社区低密且高绿化率,整体规划充满年轻、健康的现代气息。自入场以来,金地智慧服务对小区进行多模块的品质提升。在改善环境方面,金地智慧服务深度清洁园区公区、楼栋,并对黄土裸露地面进行绿化补种,小区外观得到很大提升。

2018年5月,完成道闸改造,配合管理规约的实施,路面全部临时车辆禁止停放,除预留的20个车位外,实现人车分流,路面不停车。从此使得园区内整洁美观,安全性以及出行便利性得到显著的提高;10月,对儿童乐园进行地面翻新工作,挖掉原有陈旧路面泥土,新铺的路面比先前美观、安全许多。2020年,为防控新型冠状病毒感染的疫情,对园区进行消毒工作,每日公布工作情况,并利用巡逻机器人在小区内巡逻时播报疫情防控信息。经过这段时间服务,业主对物业的评价较之前有了很大的提升。2021年2月,利用日常清理出的木材,自制草坪围栏,有效减少外来人员胡乱穿插行走、踩踏草坪的现象。

在服务品质方面,金地智慧服务持续落实公司服务体系,在园区内推广

图4-7 上海联洋年华园俯视图

应用享系列产品：对楼栋进行区域化管理，落实26°管家服务体系，业主服务需求能够得到有效及时的解决；每季度举办一次或多次社区文化活动，有效增进业主与物业之间的亲密度；落实装修管理制度，阻止违规现象，为维持外立面统一进行努力。

2.天津艺华年

艺华年项目位于天津市津南区双港新家园景蓉道与津港高速辅路交会口，由天津金地盛景房地产开发有限公司建设，于2017年6月30日开始交付使用。

自金地智慧服务着手管理艺华年项目以来，一直秉持匠心精神、精品服务和真情关爱的服务理念，为业主、住户提供其所需的全方位、多层次的管理服务。

艺华年项目具有专职的秩序维护人员，以及完善的安防、消防系统，并建立了技防和人防相结合的护卫机制，消防设施设备齐全完好，车辆停放归位，无治安事件发生，并且制定有详细的保洁程序和作业标准，环境清静优美，具有齐全的环卫设备设施，生活垃圾日产日清，无乱贴乱画现象，小区绿化率达40%，布局美观，花草树木长势良好，拥有专业的绿化养护人员和详尽的苗木养护规程。

日常工作中物业公司积极响应党建引领社区工作的决定，在物业中心及小区内通过建立红色物业宣传专栏，积极响应打造红色物业的号召，并先后开展了庆祝中华人民共和国成立70周年联谊会、公益寻宝徒步活动、亲子教育等多场次全民参与的活动，营造出良好的社区文化环境氛围，使小区四处洋溢着亲情的感觉。

专栏4-3　彩生活："彩生活模式"引领行业勃兴，"互联网+"开启服务新篇章

彩生活是物业服务企业如何通过居住改变中国的见证者之一。2002年5月，花样年物业正式开始运作，经过一系列更名、拆分、重组后，2011年12月16日，彩生活服务集团正式注册成立，深圳市花样年彩生活科技有限公司更名为彩生活服务集团有限公司。截至2020年底，彩生活进驻全球279座城市2841个社区，提供物业管理服务的住宅及商业物业建筑面积已达约3.61亿平方米（合约面积达5.63亿平方米）。

一、高标准、优服务，"彩生活模式"率先登陆港股

自成立至今，彩生活不断提高服务标准，完善服务品质。2005年，彩生活物业模式正式推出，在业内掀起"零风暴"的争议和讨论。彩生活服务集团成立后，正式开始集团化运作，初步形成了集物业服务、楼宇智慧、资产运营、社区增值服务、居家服务、社区电商等多方位为一体的科技型、综合性运营集团；集收购、兼并、加盟为一体的物业品牌百花齐放。

2014年6月，彩生活服务集团在香港联交所挂牌上市，成为内地第一家上市的物业服务企业，掀起了物业管理行业的上市热潮。2015年以来，彩生活凭借创新的互联网+模式，先后与红星美凯龙、中房联合集团、天虹商场、新潮传媒、京东等各行业头部企业进行深度合作。2018年，彩生活推出"彩惠人生"这一集"线上+线下"一体化的普惠式消费平台，实现了B2F（商家到家庭）的无缝对接。

二、"互联网+"焕新服务模式，社区一站式平台推升服务品质

彩生活突破了行业的传统壁垒，建立了在当今互联网技术、物联网技术、云计算技术基础之上的一种全新的物业服务模式——彩生活服务模式。彩生活将"对物的管理"转变为"对人的服务"，研发并运营了彩之云社区服务平台。彩之云社区服务平台以社区服务为基础，围绕社区基本服务和配套生活服务，为业主

和商家提供对称的信息与交易平台，满足社区业主"衣食住行娱购游"等在内的主要居家生活服务需求。在提供全新的客户体验的同时，彩之云以网络技术结合本地服务为主，为业主和住户打造一个一站式的本地生活服务平台。

彩生活坚持"把社区服务做到家"的品牌理念，致力于为业主和客户提供全家全生命周期的呵护。2020年，彩生活积极应对市场的变化，对业务进行全面回顾梳理，对部门组织调整融合，对管理架构精简优化，促进集团统一管理，发挥规模效应和成本优势。改革薪酬和激励机制，调动员工拓展业务的积极性。并且针对不同业态，不同物业费标准，制定和差异化工作及管理标准。通过一系列的调整优化，打造高效管治体系和业务管理系统，追求有质量的规模增长。

彩生活坚持打造"彩之云"服务平台，积极进行平台输出，彩生活寻求轻资产的扩张方式，即平台输出战略。通过将成熟的彩之云平台陆续向行业内的优秀合作伙伴输出，彩生活逐渐为行业赋能，用户规模也突破了彩生活合约管理面积的局限。

三、科技化、标准化提升服务效率，多平台合作构建智慧社区

经过多年的物业管理经验积累，彩生活不断通过科技化改造，实现高品质的物业管理，并确保服务品质不会随管理半径的增加而下降。利用后台信息技术平台，将基础物业管理中的各类服务职能进行集约化、标准化、自动化，减少监督管理人员干预，进而降低人工成本，实现综合管理效率的提升。

彩之云社区服务平台在社区服务组织与供应上，坚持持续专注、开放的平台战略，通过孵化及价值链重构两条路径，与多家垂直服务供应商开展合作，同时，加速生态圈建设，构建具有区域特色的彩生活社区生态圈联动模式，将更多资源引入社区，提升社区价值。

2019年，彩生活迎来"京东"及三六零安全科技股份有限公司"360.com"的战略入股，为彩生活的线下、线上融合提供了强有力的保障，2019年10月，与京东联合推出"京选业务"，围绕用户精准营运探索社区团购新零售，延伸服务领域，构建智慧社区生态圈。

专栏4-4 华润万象生活：守正出新，正道致远，大城市时代风帆正举

华润万象生活有限公司（以下简称：华润万象生活，股票代码1209.HK）系世界500强企业华润集团旗下业务单元华润置地的成员公司，是中国领先的物业管理及商业运营服务商。华润万象生活坚持围绕"成为客户信赖和喜爱的城市品质生活服务商"的企业愿景，凭借卓越的运营服务能力、丰富的生态资源及强大的一体化会员体系，致力打造"全业态、全客户、全产品与全服务"的城市品质生活服务平台。

华润万象生活以"非凡万象"为品牌理念，秉持"用智慧服务引领城市品质生活，提升空间资产价值"的价值主张，通过非凡人文、非凡科技、非凡空间以及非凡生态，赋予城市和生活非凡的气质，以品质成就非凡万象。

2002年1月，华润置地在北京签署第一个物业项目——京通新城小区，自此开启物业服务之路。截至2021年底，华润万象生活在管项目754个，提供物业管理服务的全业态在管建筑面积为1.648亿平方米。

"万象服务"是华润万象生活旗下的物管服务品牌，致力于成为"中国最具影响力的城市空间运营服务商"，聚焦社区生活空间、办公产业空间、城市公共空间。通过城市生态圈一体化运营与服务，运用科技智慧平台，整合城市资源，运营城市空间，服务城市人民，为人民带来更非凡的城市生活体验。

一、社区生活空间

社区生活空间包含未来社区和传统住区两大核心场景。

通过对全家庭、全年龄、全时段业主生活需求的研究，以美好一天、美好一生、美好一家为主题，打造服务+生活、服务+文化、服务+生态、服务+智慧的服务体系。以社群运营为触点、以社区空间为载体，使服务场景化，为业主提供更有温度的情感服务，以及租售、装修、入驻、管家、商汇、空间运营等增值服务。

在党建与物业服务深度融合方面，"红色管家"成为华润万象生活在物业服务领域中的一项党建品牌创新，旨在通过强化基层社区治理中的党建引领作用，将党建与物业管理服务深度融合，夯实基层党建，完善社区治理。截至2022年9月底，"红色管家"项目已在45个城市、65个项目铺开，并因地制宜形成各自的特色模式，用行动守护党服务群众的"最后100米"。

2021年，华润万象生活红色管家正式进驻延安华润希望小镇，通过一年的努力，从治理环境、帮扶弱势群体到提升村民收入，为小镇增添了活力，带来了改变。

图4-8　治理生活环境

二、办公产业空间

办公产业空间包含写字楼、产业园区、政务机构办公、共享办公、配套工作设施五大核心场景。

华润万象生活写字楼运营服务由华润置地写字楼开发运营业务发展而来，起源于1999年落成的北京华润大厦，自此开始积极探索商务与生活、产品与服务之间的创新融合发展之路。

在高品质的基础上，依托领先的运营服务体系及经验，为众多行业头部企业和产业、工业园区提供多元化基础服务和延伸服务，赋予租户高端的商务办公体验。

中国华润大厦（春笋）作为华润集团的总部大楼，以行业领先的Officeasy运营服务体系为基础，打造智慧通行、智慧照明、智慧安防、智慧运营四大智慧场景，有效提升写字楼运营管理效率；以五大产业创新服务，孵化创新型产业发展机会；通过IFM智慧服务体系，为华为等企业提供服务，已成为华润万象生活物管运营服务的典范之作。

图4-9　中国华润大厦（春笋）

当前，华润万象生活正在为超30座甲级写字楼项目提供运营服务，项目分布于全国近20个城市，覆盖粤港澳大湾区、长三角、京津冀及成渝等潜力强劲区域，华润万象生活全国商务服务网络日臻成熟。

三、城市公共空间

包括市政道路、交通枢纽、文体场馆、景区、公共水域绿地。

以精细化运营管理的模式，开展河道、公园、体育馆、会展中心、机场、学校、医院等城市业态管理及片区综合统筹运营服务，打造城市运营服务的范本之作，助力城市升级。

成都东安湖体育公园是华润万象生活为公园量身打造特色服务方案，通过三位一体安全保障，打造一体化联防联动安全体系。现场管理上，充分引入大型智能化专业清洁设备、分级多层次保障绿化美景展现、专业水体养护、专业设备设施养护等，全方位保障设施设备稳定良好运行，并通过双语解说驻点等打造高品质服务体验。

图4-10　成都东安湖体育公园

专栏4-5 长城物业：长风卅载，城扬云帆，筑梦城市，守护灯火

长城物业创立于1987年，秉承"让社区变得更美好"的组织使命，以"成为社区生活方式引领者"为愿景，恪守"诚意链接+满意服务"的核心价值观。经过34年发展，长城物业已成为国内最大的独立第三方专业物业服务机构。近十年来，集团综合实力一直稳居中国物业管理行业前十强，且市场化运营持续领跑行业，是行业前十强中唯一的独立全业态物业管理服务提供商。

长城物业设立华东、华南、华西、华北、华中、环渤海六大区域事业部，为社区提供服务的员工人数达四万余人，布局"公域服务""私域服务""人际服务"三驾马车的社区生态发展战略，实施以"三精化"（专业精深化、服务精到化、经营精细化）网格管理模式，以"科技化+人性化"持续创新引领行业转型升级。截至2021年3月，长城物业管理服务业务分布中国31个省、直辖市和自治区的162个城市，62.4%的在管面积位于一线或新一线城市。

一、以人为本，城筑社区，让陌生走向熟悉

自成立以来，长城物业倡导社区业主以基于业权的民主决策为指引，遵循集体决策的议事规则，通过平等的物业服务合同契约关系，做到业主自治与专业物业服务有机结合，从而保障业主对物业服务的知情权、决策权和监督权。物业公司规范经营，实施财务公开、资金共管，获取阳光下的酬金，物业服务资金的盈亏由全体业主共同享有或承担，让更多业主享有阳光物业服务。

近年来，长城物业开展了社区相互帮助的项目——向东时光。除了暑期儿童学堂，针对老年人、年轻人以及奋斗者，公司还设立了不同的学堂，让社区居民变成志愿者帮助更多的社区居民成长。向东时光项目使社区成了"长者的乐园、孩子的学堂、太太的客厅、奋斗者的港湾、志愿者的舞台"，

通过提供丰富多彩的社区文化互动活动,为业主搭建沟通的桥梁,充实每一位业主的生活,为大家提供充分的安全感和幸福感。长城物业通过"向东时光"项目,与业主建立"心与心的链接",构建了一种邻里新关系,借助中华民族传统文化和圣贤思想的浸润,从业主内心真正的需求出发,力求让业主找到共同语言,找到沟通纽带,建立了邻里之间的信任。未来长城物业将在全国社区构建1000所"向东时光",通过这个小型学习会所,将社区居民和物业服务人员连接在一起,创建新型家园。

二、利他主义,链接你我,让智慧成就美好

作为社区服务企业,长城物业视用户、员工、合作伙伴、供应商、其他物业服务企业等生态伙伴为企业发展的生命线。为进一步提升服务质量,长城物业提出了"主观利他、顺带利己"的经营理念,以信任和连接作为构建商业关系的基础。长城物业早在2012年便提出社区生态与联盟发展的理念,与同行携手共建社区生态。公司与金蝶合作进行了数字化平台的探索,以开放包容的姿态,探索如何将物业管理行业的其他企业容纳,实现合作共赢。在此数字化平台的基础上,长城物业与同行共同以顾客满意度、物业服务效率、物业企业收入的提升为目标,通过共享开放资源、参考物业管理制度规范、应用App等促成了企业之间的相互合作方式,实现了整合价值链资源,提升企业工作效率,更好服务客户。

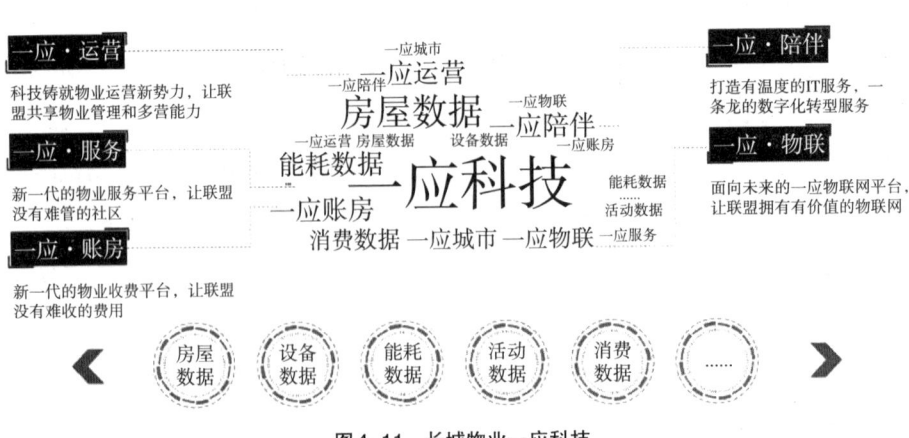

图4-11 长城物业一应科技

长城物业通过旗下打造的集物业服务、社区商务和公共服务于一体的智慧型社区运营平台的全面应用，整合线上商家资源和线下社区资源，将物业管理和社区商务进行深度融合，形成物业管理生态圈和社区商务生态圈，并通过这两个生态圈的相互促进、相互依存的关系，积极推动社区生态圈的繁荣发展，并最终促进物业管理的良性发展和社区生活方式的蝶变式进化。

三、精致服务，勇担责任，让养老走进社区

自2009年开始，长城物业就在养老服务领域进行了探索。在前期对养老服务市场的调研和摸索中，长城物业发现高龄长者对医疗保健、康复护理的服务需求越来越大，养老服务体系中医疗卫生服务的支撑作用日渐凸显，国家政策逐渐健全，因此长城物业瞄准了社区养老和居家养老的大市场，力求实现"家门口的养老"的基本定位。2013年，长城物业正式筹备及运营了公司旗下首家社区嵌入式精致型养老机构——共享之家3H颐养复康中心——百花园旗舰店；2018年公司成功打造了2.0颐养服务——共享之家·龙城院旗舰店，并于2019年携手株洲城发集团，共同推出3.0迭代服务——城发共享之家·颐养苑，秉承3H服务理念：颐康（Healthy）、颐乐（Happy）、颐和（Harmonies），以优质服务塑造中国长者生活新方式。2014年，长城物业将拥有28年历史的美国最大的居家养老服务品牌之一的Homeinstead Senior Care

图4-12 3H颐养康复中心

Inc.引入中国市场,并以"护明德居家养老"作为专属运营品牌开展养老服务。区别于传统的家政保姆式服务、医疗照护机构式服务,护明德以长者所需服务为核心,为长者制订个性化居家照护计划。目前,长城物业实现了以居家养老服务为基础、社区养老服务为依托,医疗资源为配套的三位一体的养老服务生态圈。

四、打造优质宜居标杆——长城二花园

早在2007年,长城物业与长城花园业委会就开启了"阳光物业服务模式"的探索,之后长城物业将阳光物业服务模式陆续在100多个项目实施,并适时根据相关政策法规做持续完善。深圳长城二花园是"阳光物业服务模式"平稳运行的典型项目,其运营经验和组织设计,也为深圳经济特区物业管理条例的完善提供了参考借鉴。长城二花园将业主自治和专业物业服务有机结合,形成了阳光、规范、透明的服务模式。

建立资金共管账户:通过建立资金共管账户实现财务收支共管,所有支出由业委会表决通过,由长城物业按预算执行计划,并通过公示财务收支报表定期将资金使用情况公开。

图4-13 长城二花园小区内部实景

实行阳光财务运作模式：在资金管理上，账目做到阳光、规范、透明，业主可以监督长城物业在管理服务过程中的每一笔资金流向，业主自治得到充分体现。

成立专项资金：业委会和长城物业在合作协议基础上，明确酬金约定、"三定"管理（定岗、定员、定额）等条款。同时也有奖励制度，每年结余部分资金会按照约定基数份额奖励给物业管理团队，大力激发一线员工的工作积极性；其余的所有收入归属全体业主，成立专项基金用于小区建设。

经过十多年的不断磨合、完善和实践，长城二花园在业委会、物业、业主的共同携手下，成为具有范例作用的幸福社区。

专栏4-6 绿城服务：以真诚、善意、精致、完美重塑人文栖居

绿城服务集团成立于1998年，总部位于杭州市西湖区，是一家以物业服务为根基、以生活服务与产业服务为两翼，以智慧科技为引擎的数字化、平台化、生态型的现代服务企业。2001年，绿城服务中标第一个市场化项目——杭州清水公寓，迈出市场化服务第一步。2002年，绿城服务承接第一个商写项目中田大厦，开始涉足商写领域。二十多年来，绿城服务秉承"真诚、善意、精致、完美"的核心价值观，坚守服务品质，实现了服务产品与服务体系的快速演进。从基础物业服务，到2007年提出的园区生活服务体系，再到2014年提出智慧园区服务体系，绿城服务不断满足业主需求，应用完整的服务理论研究体系与最新的行业科技手段，持续丰富服务内容，改善服务方式，提升服务品质，助力推动居民生活便捷性、高效性的提升。截至2020年底，绿城服务业务已覆盖全国30个省、直辖市和自治区，涉及187个城市，服务的物业类型涵盖市政公建项目、城市综合体、商务写字楼、别墅、公寓、学校、足球基地和高科技产业园等，接管、咨询及代管的合同数目逾3300个，总合同服务面积约5.35亿平方米。

一、品质圭臬，工匠精神，以细节构筑幸福家园

自成立以来，绿城服务始终把"品质"二字奉为圭臬，以工匠精神打磨基础服务流程，追求服务过程中的业主体验与感知，以ISO和OHSAS系列标准的建立和对业主需求的持续调研为基础，通过标准的不断升级和执行，来固化和提升基础服务价值。基础设施是业主的生活场景配套，绿城服务上至高管，下至员工，对基础服务都精益求精。每年的上半年与下半年，绿城服务会在服务园区全面开展品质提升月专题活动，针对各服务模块全面设计品质提升动作，正视自己、直面问题、解决问题，给业主以效率与信任的感觉。每一天、每一周、每一月、每一季，每一个服务人员通过自己的品质坚持组

合成了基础服务的基石模块。为确保品质，绿城服务坚持督导内容点面结合、督导主体内外兼顾，通过"十必查""二十必查""二十触点""二十必做"神秘访客、品质三查等督导模式、督导标准的逐年升级和完善，有效运用督导结果，建立集团分级分层品质监管体系。绿城服务形成项目、分子公司、集团三级品质管控组织，通过三级督导全面把控项目园区现场服务品质，提升业主服务感知度。

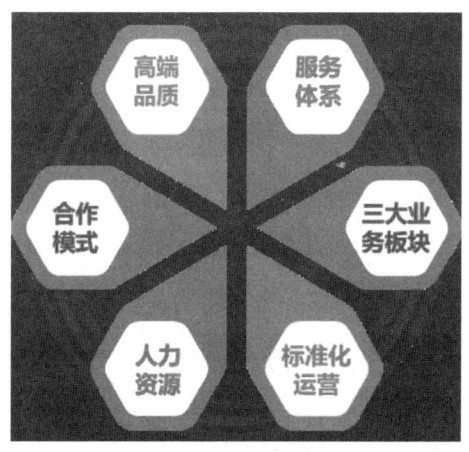

图4-14 绿城服务全方位优势

除了绿城服务品质管控体系外，绿城服务还特别注重通过不同渠道听取业主的建议和意见，如搭建4D品质监控，已经初步形成了"鹰眼平台远程监控＋业主App线上评价＋95059主动调查＋现场品质督导"四个维度的品质监控体系，全方位监督园区服务品质，并通过设置项目负责人接待日、设施设备开放日、App阳光公告等方式，接受业主的实时深入监督。

二、身无所羁，心域自远，用温暖打造全生命周期服务链

二十多年来，绿城服务不断完善安保服务模块，视服务品质为物业管理服务的生命线。坚持园区安保服务队伍的军事化管理，定期进行军事化训练；园区安防、消防等技防系统岗位安排专业持证人员上岗，确保园区秩序安全、井然；始终坚持园区环境维护队伍精细化管理，保洁、绿化人员定期进行专

业培训，各项服务配备专业化的工具设备，各类药剂使用实行专人管理，保证园区环境清洁、美观；坚持工程技术人员专业化管理，园区特种设施设备外包专业公司维保，工程人员持证上岗。绿城服务针对园区不同的配套设施设备制定合理、专业的维保方案，延长房屋、设施寿命，提供快捷的入户维修，解决业主生活的后顾之忧。同时，绿城服务坚持客户服务亲情化、线上化，开通24小时客户服务热线及绿城生活App，服务以业主评价为导向，为业主提供可视化、可跟踪、可评价的立体式服务。

二十多年来，绿城服务全面构建从少儿至老人，从医疗至殡葬，从学前教育至老年大学，覆盖人的全生命周期的服务链，更好地帮助业主尽享品质生活，实现理想居住的梦想。亲情服务是物业服务从"满意服务"到"感动服务"的跨越。用心做事，向业主提供个性化服务，从满意达到感动；用情服务，在服务过程中，处处时时动之以情。以充满亲情的、细致入微的、人性化的物业服务给业主的生活、工作带来愉悦、温暖、舒心的感受，以达到让业主满意、让业主惊喜、让业主感动的效果。为完善贯穿业主全生命周期的服务链，绿城在园区少儿教育服务方面，开设绿城早教中心、绿城学习中心，主要服务于1.5~15周岁的孩子，培养小业主独立生活能力，为小业主轻松跨越幼儿园、中小学打基础，解决家长育儿过程中的烦恼，同时丰富园区少儿文化教育服务。同时，绿城服务通过基础健康服务、个人健康全项服务、诊所、护理院等产品，关爱业主健康状况，满足业主的健康服务需求。

三、科技披身，挂帆启航，用智慧阐释全新服务价值

绿城服务不断审视内外部环境变化，结合自身优势，制定和践行自身发展战略。从成立之初推行的第一代基础物业服务，到2007年创立的第二代园区生活服务体系，再到2014年升级推出的第三代服务产品——智慧园区服务体系，园区生活服务体系持续传承和发展。智慧园区服务体系在园区生活服务体系的基础上，通过大数据平台的建立、智能设施设备的引入、移动互联网及应用程式的推行，让业主方便地获取健康、文化教育、居家生活等各项服务，实现人与物、人与自然、人与人、人与社会的高度互通，提升业主的生活便捷度、服务参与度和居住幸福度。

2017年，绿城服务发布智慧园区国家行业标准《智慧园区建设指南》。2018年，在国家标准委统筹下，主编的《中国智慧社区建设标准体系研究》出版，为正在进行的智慧社区标准化建设提供基础参考。以幸福为基点，绿城服务通过智慧园区服务体系，构建技术系统（云平台）、服务系统（一体化服务平台）、社交系统（睦邻社）三大系统，让服务更便捷、让生活更安定、让生命更健康、让邻里更和睦。

云平台：由互联网、智能设备、业主使用端、后台管理端等组成的技术承载系统，实现消费者、服务提供者、智能设备之间的互联、物联和智联。

生活服务中心服务系统：以平台形式整合基础物业服务、园区生活服务、微商圈与公共服务、睦邻社交服务等资源，是健康、文化教育、居家生活三大服务系统的进一步延展和丰富。

睦邻社：以交流、互助、自治为核心，由业主主导、物业服务机构配合的园区组织。

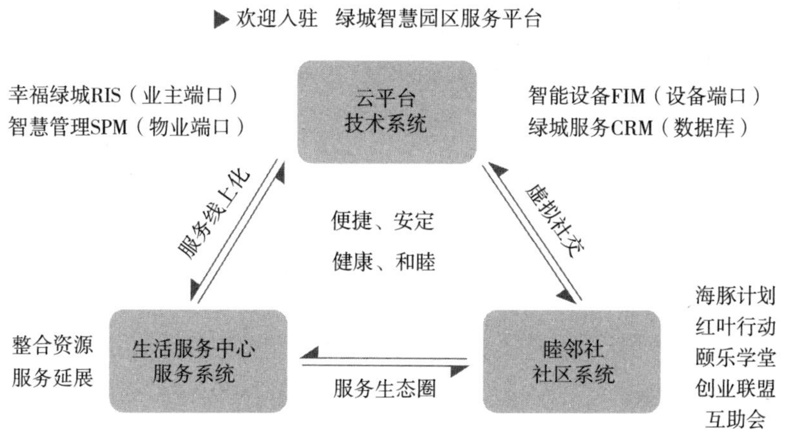

▶ 欢迎入驻 绿城智慧园区服务平台

图4-15 绿城智慧园区服务平台

四、打造优质宜居标杆——翡翠城

翡翠城，杭州城西150万平方米"理想之城"，秉承绿城20多年来高品质物业营造经验，由绿城资深营造团队倾力打造，从建筑规划、立面选材、内部空间到礼序园林,每一处细节均精细考量,折射出绿城城市高档住宅对品质格调的极致考究。为更好地提升社区品质,翡翠城在原有的产品线上进行了多向的延展及变化,引入绿城集团最新系列产品研究成果,规划设计及营造标准全面升级。除了绿城产品中最常见的经典风格之外,地中海风格、法式风格、现代新古典风格等绿城集团最新的各类产品研究成果都将在翡翠城一一呈现,建成后的翡翠城产品线之丰富可谓是绿城作品的精华集合,堪称"绿城建筑博物馆"。

作为绿城园区服务体系实践基地之一,翡翠城全面导入健康医疗、文化教育、居家生活三大园区服务体系,100余项社区生活配套服务。其中亮点服务有引入绿城育华教育集团、翡翠社区卫生服务站、业主社团(少儿社、文艺社、运动俱乐部)、颐乐学院、社区巴士等,全方位营造和谐高端的社区氛围。历经12年精心运营,当前随着翡翠城东南区、东北区、西南区的整体交付,以及西北区梧桐郡的交付,绿城育华翡翠城幼儿园、"翡翠天地"商业街等社区配套的启用,西溪欢乐城、乐天城以及21万平方米西溪印象城的营业,一个可居、可玩、可购、可游的城西"理想生活之城"已经展开,经典成就杭州西溪闲林板块标杆之作。

专栏4-7　金科服务：坚持以客户为中心的长期主义，打造更温暖的"金粉"生活

2000年，金科服务在重庆成立，经过20多年的发展，已成为全国前十、西南第一的综合智慧服务集团。目前，金科服务坚定实施"服务+科技、服务+生态"战略，布局文体旅、康养产业，打造空间物业服务（Space）、社区增值服务（Life）、本地生活服务（Catering）、数智科技服务（Technology）四大曲线。服务已经从社区走进城市的多维空间、产品覆盖从社区到社会的多元需求。

截至2022年6月，金科服务已进入北京、重庆、天津、武汉、南京、成都、沈阳、郑州、长沙等191座城市，服务近1500个项目，服务面积约3.8亿平方米，服务全国近700万人口。管理业态涵盖中高端住宅、销售案场、商写楼宇、公园景区、文体场馆、学校医院、企业总部、城市空间等多种类型。

深耕住宅社区服务20余年，金科服务坚持以客户为中心的长期主义，打造全周期心悦服务体系、独具特色的邻里文化和智慧社区解决方案，不断为"金粉"业主带来"贴心+喜悦"的服务体验。服务品质连续多年位居全国前三，客户满意度连续10年超过90%，持续领跑行业。

一、用温暖的心做有温度的事，打造全周期心悦服务体系

在金科服务看来，服务力就是生命力。在20多年的可持续、高品质发展过程中，金科服务一直从业主需求出发不断升级全周期服务心悦服务体系。

房屋的交付是业主与新家的第一次相遇。金科服务打造一站式交付体系，围绕交付场景制定了涵盖预约式验房、陪同查验、定制交付惊喜等120余项服务标准，制定21项增量服务，为业主带来更便捷、舒心的归家体验。

在业主入住后，金科服务以饱含匠心的社区维护打造更宜居的"金粉"生活，包括集"人防、物防、技防"于一体的安全防护体系，七层绿化养护体系，零干扰保洁作业要求，工程15分钟响应机制，及每月定期向业主免费

提供地毯清洗、车辆清洗、血压检测等"爱邻服务"。

在优质的日常服务以外，金科服务更让业界称道的是其于2018年开始的"美好家园计划"。在房屋长达60年的全生命周期中，再精细的物业服务也只能减缓社区的"衰老"，10年以上的住宅社区不可避免地会出现常用硬件老化，甚至故障、破损，深度影响业主居住体验和房产价值。而"美好家园计划"正是金科服务针对这一问题给出的标准答案。自2018年起，每年金科服务都会耗费大量资金为交付多年的老社区进行居住品质提升。根据金科服务官方数据显示，2022年美好家园计划共计新增健身设施1200余套，翻新运动场3800余个，修缮木质栈道和栏杆34万余米、户外休闲椅7700余把，维护路灯26万余盏、摄像头近2万个……"美好家园计划"为社区冻龄，让房屋历久弥新，极大地提升了业主的居住体验。

二、坚持邻里文化14年，建设3000+"金粉"社群

在全周期心悦服务体系以外，对邻里文化长达14年的坚持也是金科服务成为"居住改变中国"代表性服务企业的原因之一。

2008年，金科服务在全国首倡"邻里文化"，随后提出"敬老、爱妻、睦邻、亲子、惜己"五大邻里主张，搭建"邻里万人游、邻里艺术节、万

图4-16　金科大社区运动季

人运动会、美好中国年、金粉嘉年华、邻里踏青季"等六大邻里活动平台,并构建大社区志愿者日、邻里文化节等邻里亲情活动平台,着力构建亲情社区。

14年来,金科服务每年都会举办数千场邻里文化活动:从春节、端午到中秋、重阳,传统佳节里总会有一场"金粉"的聚会,而对金科业主而言,与邻居一起过节早已成为大社区的习俗;在暑期、国庆、周末等节假日里,金科服务也会根据时节、地域的不同打造有趣、欢乐的各类邻里活动,为业主不断创造生活里的惊喜。

以"邻里艺术节"为例,该活动每年在中秋节前后举办,是属于全体金科业主的艺术盛会。从年逾古稀的白发老人到三五岁的小朋友,从业余表演爱好者到从事艺术行业的"金粉",每一个喜欢舞台、热爱表演的金科业主都能够在这里绽放精彩、收获掌声。而未能上台的业主,也纷纷簇拥在舞台前,为邻居们的星光喝彩。

一场场丰富多彩的邻里活动,让业主们有了更多的社交场景,让金粉们从陌生到相识、成为老友,并凝结出包含舞蹈、跑步、篮球、太极拳、旅游等领域的3000余个邻里社群,也形成了自己的价值观和独特的社群精神。

图4-17 金科悦跑活动

从2008以来,金科服务在邻里文化的道路上砥砺了14年,不断坚持、逐年沉淀,用邻里文化影响着业主的生活方式,也将邻里文化写入了大社区的基因。它是金科服务对业主们精神生活的守护，代表着中国式居住的另一层含义：与友为邻，住友所乐。

三、数智科技深度赋能服务，创领智慧社区浪潮

智慧社区的概念兴起于2016年，旨在利用大数据、云计算、物联网的软硬件技术实现住宅小区的全面智能化，深度影响着中国式居住的升级和发展。

作为智慧服务领域的领跑者，金科服务于2017正式提出智慧社区1.0解决方案，并迅速在重庆建设落地。2018年，金科服务参编《重庆市智慧小区评价标准》，为重庆智慧社区注入金科服务基因。

目前，金科服务已经成为行业内罕有的高新技术企业，拥有国家级知识产权及软著超50项，在全国累计改造、建设智慧社区数百个。金科服务的智慧社区解决方案拥有超140个科技价值点，从电梯人脸识别选层的智享归家、一键离家模式的智联居家到无人超级市场的智感社区、高空抛物追踪的智控安防，再到全域集成的智管平台，金科服务深度结合社区生活高频需求点，打造智能化、数据化、AI化的"数智场景社区新生态"，用科技赋能服务，为业主带来更便捷、更具品质和尊崇的生活体验。

图4-18　金科服务智慧社区解决方案

不仅如此,金科服务还将智慧服务的边界延伸至更广阔的城市领域,与湖北武汉经开区、四川内江经开区、江苏盐城高新区等全国十余个城市新区携手共建,打造城市级智慧服务平台。2021年5月,金科服务与武汉经开区国有企业达成战略合作,随后为经开区定制智慧城市系统。该系统拥有数字化的智慧物联大脑、基层治理大脑、集成中枢大脑,不仅将各部门数据壁垒打通,打造城市级物联平台,保障城市物联数据持续流转,实现各类公共资源集中调配,更连接着社区最小的网格单元,让数据不再是一种负担,而是真正能够为民服务的工具。

四、打造优质宜居标杆——天湖美镇

重庆天湖美镇小区交付于2005年,建成之初便有"一城山色半城湖"的美称。在金科服务长达18年的精心维护下,天湖美镇仍然具备公园般气质,更增加了人文和智慧的魅力。

如今,天湖美镇拥有超30%的绿化面积,小区内随处可见葱郁的高大树木,绿树成荫。同时,金科服务依照七层绿化养护标准对绿植进行养护,使景观错落有致,并结合季节特点在草地上打造景观小品,让小区环境生趣盎然。小区各类设施设备在"美好家园"计划的养护、修缮、更换下,保持高效运行。

图4-19 重庆天湖美镇小区俯视图

同时，天湖美镇也是金科服务进行智慧化升级的第一批老社区。智慧化升级后的天湖美镇拥有智能人行、车行道闸，并配备高空抛物监控等智能化设备，视频监控、电梯平台、消防平台、周界报警等设施设备接入天启物联网体系，在大数据、云计算等技术的赋能下能够实时监控设备运行状态，发现故障后第一时间停运、维修故障设备，极大地提升了业主居住的便捷度、舒适度。

此外，天湖美镇小区里拥有着浓厚的邻里文化氛围。据统计，自2008年以来，天湖美镇累计举办邻里文化活动超500场，更拥有数十个邻里社群。以舞蹈社群为例，该社群成立于2008年，为方便舞蹈社群训练，金科服务为业主们在小区邻里文化活动室打造专属舞蹈练习空间，提供舞蹈练习的必要器具，邀请业主参加"金科大社区舞林大会""万人艺术季"等多项大型艺术活动。在金科服务和业主共同的努力下，该社群不断壮大，发展出"舞蹈队""时装队""艺术队"等多个纵向分支，并以天湖美镇艺术社群名义多次登上重庆电视台春节联欢晚会。

第三节　完善城市功能，构筑宜居生活环境

随着中国向服务型经济时代转型，围绕美好生活的高品质服务市场蕴含着重大发展机遇。中国房地产行业在"野蛮生长"时代之后，不同规模的企业在行业普惠性增长机遇下均实现了快速发展。随着中国经济环境发生变化，人民消费水平与需求加速升级，无论是高质量的居住需求，还是租赁、养老、文旅、教育、物流等服务领域均存在明显的供给空缺，尤其是规划合理、业态丰富、配套完善、功能健全的优质产品和服务尚不多见。未来，中国服务性房地产市场将衍生出巨大的市场潜力和价值，有待企业进一步深入挖掘。

在坚持"房住不炒"定位的大背景下，房地产企业纷纷调整发展战略，提出由"地产开发商"向"城市综合运营商"转变，深入拓展行业发展的结构性机会，2021年12月中央经济工作会议指出，要坚持房子是用来住的、不是用来炒的定位，加强预期引导，探索新的发展模式，坚持租购并举，加快发展长租房市场。2022年3月国务院金融稳定发展委员会召开专题会议提出，要及时研究和提出有力有效的防范化解风险应对方案，提出向新发展模式转型的配套措施。房地产市场进入调整阶段，过去房企"高负债、高杠杆、高周转"的经营模式难以持续，房地产企业要顺应政策及行业趋势，积极探索新的发展模式。

通过对国外房地产市场研究发现，美、日等国的房地产企业经过房地产行业长周期波动洗礼，在市场转变过程中经受住了市场的锤炼，发展路径更为成熟。经过梳理发现，国外房企除了坚守开发商定位，主要通过延伸轻资产业务、强化服务运营等紧抓存量市场机遇，值得中国房地产企业借鉴。

在此背景下，房企应转变发展思维，回归开发业务本质，提高专业运营与服务能力，响应政策号召，实现自身及房地产行业良性循环和稳健发展。

一方面，开发业务板块房企应向精布局、提效率、专业化转型，提升全链条综合竞争力。企业应在保持适度杠杆与库存的基础上实施区域深耕策略，

降低经营成本，提升投资效能；精简完善企业架构，充分利用数字化运营工具与平台，提升企业运营效率；深化产品专业化程度，提升产品力和服务质量。

另一方面，企业应提升运营与服务质量，加强专业能力建设，把握城市更新、乡村振兴等领域的政策风口。部分房企经过多年探索在商业、产业、代建等领域已有所积累，部分房企已摸索出成功道路。同时，房企可在国家政策支持的城市更新与乡村振兴等领域加大投入，开辟新的增长方向。

当前房地产行业面临重大调整，企业优胜劣汰在所难免。房企只有不断强化自身经营能力，在夯实开发主业的同时强化服务与运营能力，才能更好地应对变化的市场。

中国普通住宅市场历经多年发展，已经进入成熟阶段，城镇化水平也在不断提高。由此产生的一些矛盾，导致传统住宅开发模式无法适应日益发展的住宅市场需求，主要体现在：① 房企拿地难度增加：随着我国城镇化的推进和房地产市场的繁荣发展，城镇可出让住宅用地越来越少，而企业竞争对手越来越多，招拍挂市场上地王频出，这无疑提高了房企的开发成本和拿地难度；② 政府规划难度增加：一方面，旧城区的改造和提升空间有限；另一方面，新城区等偏远地区基础配套设施较为欠缺，地方政府缺少资金对这些区域进行改造升级，导致政府在进行城市整体规划时难度显著增加，发展预期与想象空间受到限制；③ 区域经济发展缺乏可持续性：传统住宅开发是典型的一次性买卖，房企开发住宅进行销售获得收益、地方政府获得土地出让金和交易流程中的各项税金，但这种模式中所获取的收益都是一次性的，尤其是对地方来说，这样的住宅开发无法解决经济的可持续发展问题，导致住宅市场与地方经济发展无法形成良性互动。

这时，城市综合体的开发模式逐渐开始出现。这种模式多出现在城镇的近郊或偏远地区，通过城市建筑实体与城市空间的有机结合，充分利用建筑空间的复合化、集约化和开放化，满足城市近郊或偏远地区的居住、商业、办公、餐饮、文娱等多种消费需求，并建立一种相互依存、相互助益的空间能动关系，构成多功能、高效率的经济聚集体。

以万达集团的万达广场为代表，历史上经历过多次调整，目前推出并快速复制推广的是第三代产品。第一代万达广场是单店模式，总体建筑面积在5万平方米左右；第二代是组合店，总体建筑面积在15万平方米；第三代吸取了前两代万达广场开发的教训，学习国外开发城市综合体的经验，推出第三代万达广场——万达城市综合体产品，通过住宅、公寓、写字楼、商业外街等可售物业的回笼资金，支持购物中心的开发与运营，有效解决了现金流问题。凭借这一模式和万达强大的执行力，第三代万达广场快速在国内复制并取得了阶段性的成功。此外，万达广场为了实现快速复制推广，有两个70%的特点，即在准备布局的城市中，招商和业态组合中至少要有70%的商家能受到该城市中70%人口的欢迎，这样的特点决定了万达只能定位于比较大众化的中端市场。万达广场已完成在全国多数主要城市的布局，所建之处往往成为当地的地标性建筑，每一座万达广场都聚集了各品牌的饮食、购物和娱乐设施等商铺，成为部分人群逛商场的首选。万达广场就像一个强大的磁场，可以快速聚集人气，改变5公里半径内的商业和居住面貌，形成以万达广场为核心的商圈。以万达广场为主的地标建筑，是一座城市的形象工程，也是商业、文化、政治、经济的集聚地。万达广场实现了企业效益和社会效益的和谐统一，对城镇发展起到提升城镇商业档次、新增大量就业岗位、创造持续巨额税收和丰富群众消费需求的作用。

如今，产业园区发展与城镇建设间出现脱节现象，违背了国家经济发展的初衷。这是因为随着城镇产业转型升级，部分产业园区从城镇中心向郊区迁移，相应的就业人员也从城区向郊区分散，工业和商业等产业空间及居住空间之间由混杂趋于相互分离，由此导致产城脱节、职居分离和结构失衡等"产城分离"现象十分明显，城镇"空转"和产业园区"空城"问题亟待解决。

产业新城模式在这种背景下应运而生。产业新城模式通过在城镇远郊再建新城的方式，以产业为保障，为产业选择一个优越的地理位置、优良的生产办公环境，连接起产业集群以减少对接环节并节省运输成本，用产业来吸引人口，为人口创造舒适的居住环境、便捷的基础设施及公共设施，吸引其长期落户，在承接都市圈人口外溢的同时帮助城乡接合部人口就业。产业新城是新型城镇化背景下，以人为核心、以产业发展为基石、以"产城融合"为标志的城市发展创新模式和人本的城市开发哲学，为中国的新型城镇化提供了可资借鉴的模式样本。

产业新城模式通过再建新城，实现了脱离城市设施配套也能独立运转的状态；在新的地理空间上将工业化与城镇化结合起来，实现了经济与城镇发展双赢的局面。"十四五"规划纲要明确指出要坚持把发展经济着力点放在实体经济上，同时提出要实施创新驱动、区域协调以及乡村振兴等发展战略，发展壮大城市群和都市圈，分类引导大中小城市发展方向和建设重点，形成疏密有致、分工协作、功能完善的城镇化空间格局。2021年4月，发改委印发《2021年新型城镇化和城乡融合发展重点任务》，强调增强城市群和都市圈承载能力、促进大中小城市和小城镇协调发展等，这些均为产业新城的发展提供了更大的发展契机。

第四章 从有住房到住好房，筑造美好人居环境

专栏4-8 宝龙商业：打造多维立体融合，形成自循环商业生态

宝龙商业自2007年开始向零售商业物业的开发商、租户及业主提供商业运营服务，是为数不多的拥有管理多元化零售商业物业组合专长及能力的中国商业运营服务供应商之一。2019年12月30日，宝龙商业管理控股有限公司在香港联合交易所主板成功上市（股票代码：9909.HK），成为港股市场第一家商业管理公司，并获纳入"MSCI中国小型股指数"及港股通名单。

宝龙商业通过旗下"宝龙一城""宝龙城""宝龙广场""宝龙天地"四个品牌为业主、商户、消费者提供专业的商业运营服务。2020年7月，宝龙成功收购浙江星汇商业管理有限公司60%股权，进一步聚焦和巩固长三角地区的领先地位，也是品牌管理输出的一个里程碑。公司及旗下公司已布局达140个项目，累计已开业项目近70个，其中第三方项目近30个；已签约商业管理面积超1300万平方米。宝龙商业亦向住宅物业、办公大楼及服务式公寓提供物业管理服务，已签约住宅物业管理面积超2300万平方米。

秉承共生共赢的企业价值观，宝龙商业立足商家利益，积极换位思考，注重持续战略联盟，目前已合作品牌超5000家，拥有超10000个商户品牌库，

图4-20 宝龙商业部分合作品牌

其中战略合作品牌逾140家。双方相互信任和支撑，共同维护和提升品牌质量，促进持久旺盛的经营。

宝龙商业自2018年携手腾讯建立战略合作关系，联合发布"纽扣计划"，以此为起点，宝龙商业持续强化科技赋能，推动产业数字化进程，打造"智慧商业"。2020年末，已完成会员、商户、商管三大程式即宝龙悠悠、宝龙商+、PMS系统的初步联动，并成功首发微信及支付宝双通道"支付即积分"功能，并在悠悠小程序内实现"直播+购物"闭环，使商户与消费者保持密切沟通，促进线下成交量；与腾讯共同研发商业地产业首个资产数据3D可视化项目，让传统经营通过新技术的赋能而焕发出全新生机，推进商业数字化。

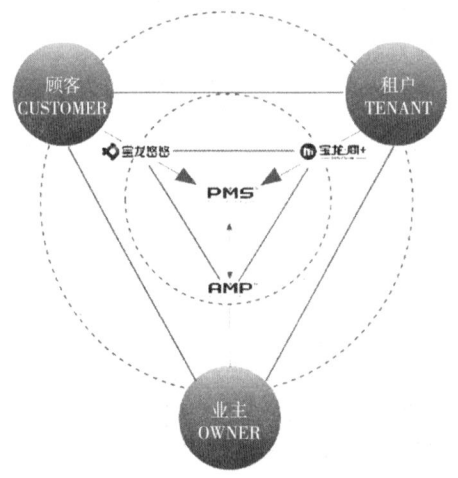

图4-21 宝龙商业科技赋能

2021年5月，宝龙商业与腾讯再度增资，加码布局智慧商业，将投资面向行业与市场商业科技平台，将加速联合研发，为客户提供更好的个性化服务，走向智慧商业的前沿，为行业的科技创新进步再助一臂之力。在智慧商业生态圈中，宝龙商业和腾讯期望开拓更广阔的发展前景，为用户提供更好的服务，孵化出更新颖的商业模式，从而通过提高商业增长力为行业创造更多价值。

图4-22 宝龙商业"纽扣计划"

一、企业产品线

1.商业运营服务

宝龙商业为购物中心及购物街提供定位、招商、开业、运营及管理等全链条服务，主要包括：① 在零售商业物业开业前的准备阶段向物业开发商或业主提供市场研究及定位、租户招揽及筹备开幕服务；② 在零售商业物业运营阶段向业主或租户提供商业运营及管理服务；③ 向位处购物街及商场的单位提供物业租赁服务。

宝龙商业承接零售商业物业的管理模式主要有三种。① 委托经营管理：接受业主零售商业物业的全权委托进行经营管理，项目运营成本由宝龙商业承担，业主获得商铺租金，及部分多种经营和停车场运营收入；② 咨询顾问：业主聘请宝龙商业担任零售商业物业的管理咨询顾问，项目运营所有收入及成本由业主承担；③ 整租服务：业主按一定价格将零售商业物业整体出租给宝龙商业，项目运营所有收入及成本均由宝龙商业承担。

宝龙商业团队拥有丰富的商业地产项目运营经验，也是行业中较少的拥有多形态购物中心及商业街区管理运营经验的精英团队，打造出超级标杆（宝龙一城）、标准项目（宝龙城）、标准mall（5万平方米以上的宝龙广场）及社区商业（其他）。

图4-23 宝龙商业四大产品线

宝龙商业以四大产品形态战略布局、均衡发展为"点";以宝龙商业为平台,连接角色、协同资源成"线";深耕长三角,密集布点成"面";在产品打造方面,线上线下齐发力,科技赋能打造"立体融合"。

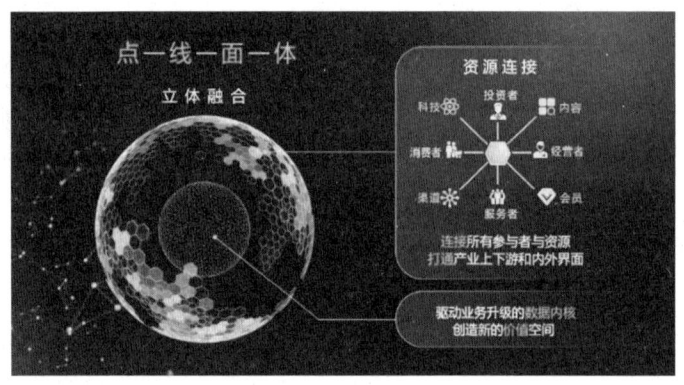

图4-24 宝龙商业"点—线—面—体"立体融合

2.物业管理服务

宝龙商业向住宅物业、办公大楼及服务式公寓提供物业管理服务。截至2021年12月31日,住宅物业管理服务已交付物业82个,总已交付建筑面积约为17.7百万平方米;已签约物业136个,总签约建筑面积约30.0百万平方米。物业管理服务内容主要包括:① 为物业开发商提供预售活动的预售管理服务,如预售示范单位及销售办公室的清洁、安保及维护;② 为业主或业主委员会在交付后提供物业管理服务,如安保、清洁、园艺及维修及维护服务；③为在管物业业主、租户或住户提供其他增值服务，如交付前筹备及垃圾处理服务、公共区域、广告位及停车场管理服务。

二、典型项目案例

1. 厦门宝龙一城

图4-25　厦门宝龙一城

厦门宝龙一城位于厦门市思明区金山路与吕岭路交会处，地铁上盖，无缝对接地铁2号线岭兜站。总建筑面积38.46万平方米，其中商业体量12万平方米，覆盖多元业态，6个楼层，汇聚国际名品、时尚精品、生活配套、餐饮等近300家国内外知名品牌。

图4-26　杭州滨江宝龙城

2.杭州滨江宝龙城

杭州滨江宝龙城地处杭州滨江区火炬大道与江南大道交会处，地铁6号线无缝接驳，地理位置优越。项目总建筑面积40万平方米，商业体量18万平方米，总投资40个亿，涵盖shopping mall、商业街、酒店，配套1栋超高层写字楼及2栋商住两用型公寓。滨江宝龙城汇聚优衣库滨江最大店、MUJI全国第200店、NIKE BEACON 750旗舰店、KKV杭州首店，并有宝龙艺术中心加持，五楼屋顶花园成为文艺青年的打卡地。

3.上海宝杨宝龙广场

图4-27　上海宝杨宝龙广场

上海宝杨宝龙广场无缝对接地铁3号线宝杨路站，毗邻吴淞国际邮轮码头，27万平方米综合体包含了约10万平方米的大型购物中心、4万平方米的特色商业街，配套3栋写字楼、2栋酒店和MUJI公寓，引入20余家首进宝山品牌，成为引领北上海消费新地标：全国首创与MUJI合作宝龙公寓designed by MUJI，包括上千平方米的 MUJI零售和烘焙；CGV影城带来SPHEREX技术，打造宝山首家弧形屏影厅；一兆韦德健身重金打造的室内架空泳池；大型室内儿童游乐园Meland、星聚会KTV、西西弗书店宝山首店，提供更丰富的亲子、娱乐选择；失重餐厅、外婆家、南京大排档宝山首店，打造属于每一个家庭的第二厨房。

放眼未来,宝龙商业将继续以商业运营为主营业务,不断深化拓展多元化的服务,以创新发展模式,构筑全方位的商业物业管理平台,努力成长为区域商业地产前3强。公司计划至2025年实现在管项目150个,其中长三角实现在管项目100个,按照"点—线—面—体"的逻辑重点打造"宝龙商业生态",科技能力打造数据内核,最终实现线上、线下、跨界等多维立体融合,形成自循环的商业生态,创造更广阔的价值空间。

专栏4-9 德杰集团：定位城市综合服务运营商，走"地产+"特色发展之路

德杰集团创立于2005年7月，拥有房地产开发一级资质，是一家以房地产开发为核心，以医疗卫生、生物制药、建筑施工为侧翼，辅以物业、园林、酒店、装饰、商贸、公路交通等业务，多元发展、优势互补的大型民营企业。

德杰集团稳健推进项目布局，深耕以重庆、贵州为中心的西南地区，以西安为中心的西北地区。现已布局了重庆、陕西、湖南、河南、贵州等省市，拥有房地产开发、建筑施工、医疗卫生等项目近百个，实现有品质的可持续发展。

自2005年以来，德杰集团坚持"跨区域、多业态"的战略布局，在深耕地产的同时，不断探索养老地产、教育地产等创新发展模式；率先拓展医疗卫生产业，大力兴建医疗康复综合体等医疗服务项目；延伸建筑、物业、园林等上下游产业，力求通过多元化、全产业链优势效应，为客户提供高品质的居住环境与生活服务。

2017年，德杰集团推出"地产+"战略，在所建项目中落地医疗、教育、商业等配套，以全部自持的方式提供一站式服务，营造"零距离大健康生态体系"。"十三五"期间，德杰集团全面整合地产、医疗、康养、教育、建筑、交通、大数据、科研、物业等产业资源，用行动诠释城市综合服务运营商的定位，走出了一条"地产+医疗+教育"的特色发展之路。

一、企业产品线

1.地产开发

地产开发是德杰的核心业务，业务分布在陕西、贵州、湖南、河南等省市，成功打造了德杰·德裕天下（陕西西安）、德杰·国际城（陕西西咸新区）、德杰·状元府邸（陕西西安）、德杰·蓝光状元府邸（陕西渭南）、德杰·岭秀山（贵州贵阳）等明星项目，年开发能力超过150万平方米，累计开

发体量已超过1000万平方米。

2. 教育

德杰集团配建的西安莲湖德杰实验学校是其特色发展的成果体现。该校是西安市莲湖区、大兴管委会的重点教育项目,也是"北京师范大学基础教育实验学校"在西安的一个落地项目。北师大在合作管理、教师培训、考试及教育研究成果共享与输送、入校教学等方面给予一线指导与支持。继西安莲湖德杰实验学校之后,德杰集团在地产开发项目如德杰·岭秀山、德杰·德裕天下等,都配建有或将配建优质的教育资源,建设家门口的好学校,为服务业主、为教育事业的发展尽绵薄之力。

3. 建筑

建筑施工产业作为德杰集团产业结构的重要组成部分,为地产开发项目的拓展积累了丰富的专业技术和实践经验。经过近十年的发展,德杰集团先后承建了近百项国家和地方的重点工程,从单体楼承建到项目总包,从单一业态到复合型业态,从深耕本地市场到跨区域作战,建筑施工项目已遍布重庆、陕西、贵州、湖南等多个省市。企业凭借扎实的产品品质与成功的项目管理经验受到了主管部门与同行的好评,为城市化进程做出了贡献。

4. 装饰园林

装饰园林公司全面负责集团核心项目的装饰园林绿化建设。园林绿化是衡量地产品质的重要标准之一,"品质地产践行者、品质生活倡导者"是德杰集团的企业愿景。在为客户提供优质房源的同时,德杰集团更竭诚为客户营造舒适、优美的居住环境。装饰园林公司充分发挥渝派地产在园林景观上的特色,园林布局既体现时代精神、民族特色,又展现出项目所在地的区域特色,无论是景观小品,还是综合布景,均在细节之中体现精益求精的功力。

5. 商贸

随着房地产开发项目、建筑施工项目的不断拓展,德杰集团顺势组建了商贸集团,承担德杰集团大宗建材、紧急物料的重要采购任务,及时、准确地为项目扩展与施工提供各种优质材料。

6.物业服务

德杰物业秉承"业主至上、和谐共处、安全文明、舒适满意"的服务理念，坚持以"打造陕西一流品牌，争创全国知名物业"为目标。在团队管理上，坚持夯实基础、深化管理，通过形式多样的内、外训，增强员工服务意识，持续提高员工自身素养。在企业管理上，不断吸收先进的物业管理模式与现代服务理念，持续优化德杰物业管理体系。在对外服务上，以业主为导向，坚持为业主提供全方位、高品质的贴心服务。德杰物业创立至今已逐步形成了独具特色的物业管理模式，其高品质的物业管理能力赢得了政府主管部门的认可与业主的赞誉。

7.酒店

随着企业战略规划的推进，产业结构不断优化、产业布局日趋合理，产品业态也日渐丰富，当德杰·国际城、德杰·普天中央国际等明星项目陆续落地后，德杰集团开启了正式进军酒店业的步伐。2011年4月，咸阳德杰实业发展有限公司成立，专项负责集团在全国范围内的酒店管理事务。

二、典型项目案例

1."地产+医疗"——德杰·岭秀山

项目定位：德杰集团深耕西南的旗舰之作，贵州首个医养结合实践基地，致力于将其打造为贵州首个大健康生态示范城；2020年12月1日，中国老年学会和老年医学学会正式为项目授牌设立"医养结合（贵阳）实践基地"。

项目概要：德杰·岭秀山项目为贵州省重大项目，位于贵州·贵阳·双龙航空港经开区，项目总占地面积约3000亩，总建筑面积约500万平方米，总投资约200亿元。项目依托当地良好的生态环境，以医疗、养老、康复、生态宜居为主题弘扬医疗养生文化，同时配套三级综合医院，以高端医疗、家庭健康管理、康复养老、生态宜居为主题，践行"地产+医疗"的特色开发模式，通过跨界融合，提升民营医疗、生态康养综合服务，将其打造成国内知名的国际化健康住养示范基地。

第四章　从有住房到住好房，筑造美好人居环境

图 4-28　德杰·岭秀山项目效果图

项目特色：德杰·岭秀山通过服务整合、资源整合及信息整合，结合项目自身的专属医疗优势，将医疗资源、家庭健康管理、健康维护、健康保障、康复管理、保健、养老、生态养生结合为一体，形成全方位的居家医养服务。通过医疗资源与社区服务的深度融合与联动发展，从而成为社区健康生活的解决方案，真正将健康融入生活，打造一个医养结合的健康生态智慧大城。

在家庭健康管理方面，德杰·岭秀山提供六大医疗服务及十一大业主专享健康特权，力求达到全方位、多维度的一体化健康呵护。

图 4-29　德杰·岭秀山六大社区医疗服务展示

2."地产+教育"——德杰·状元府邸

项目定位：西安城西人文学府宜居项目，教育宜居大盘，德杰集团"地产+教育"战略的首个落地项目。

项目概要：德杰·状元府邸项目位于西安市莲湖区享有"国际西安中央活力区"美誉的土门商圈，总占地136亩，总建筑面积38万平方米，绿化率35%以上，规划有11栋高层社区，社区底商3.5万平方米，建筑风格为新中式。

图4-30 德杰·状元府邸项目效果图

项目特色：项目携手北京师范大学基础教育实验学校作为配套教育资源入驻，给小区业主孩子就学创造良好的环境。西安莲湖德杰实验小学位于莲湖区红光路85号，占地54亩，规划设置42个教学班。西安莲湖德杰实验小学致力于创办适合每一个学生、教师、员工成长的教育，传递先进教育理念，培养具有"智慧的脑、善良的心、强健的体、勤劳的手、美丽的眼"五项核心素养的中国未来接班人。

未来，德杰集团将秉承"城市综合服务运营商"的战略定位，坚定地走"地产+"的特色发展道路，行稳致远，打造一个规模适当、肌体健康、品质精美、口碑广播的德杰集团。

第五章

畅想居住梦，实现中国梦

回望过去,中国房地产行业已走过了数十载光阴。在这个过程中,中国城镇居民的住房空间明显提升,全国人民整体告别了住房短缺的困境;房地产市场规模不断攀升,市场竞争加剧,逐渐触及行业上限;行业结构快速优化,内容、质量与服务的迭代升级,推动着行业一轮又一轮的洗牌。

如今,在坚持"房住不炒"定位的基调下,房地产行业走到了发展的十字路口。"房住不炒"意味着房子需要更多地回归生活本质。当卖方市场向买方市场转变后,客户对于产品的要求越来越高,这也意味着,房地产企业也要从规模为先到品质与规模并重的赛道转换。

从宏观维度来看,人居理念的加速重构与我国当前"社会主要矛盾已经体现为人民日益增长的美好生活需要和不平衡不充分的发展之间的矛盾"是分不开的,这是居民实现美好生活的重要保障,也是居民从"住有所居"向"住有宜居"转变的核心路径。从需求维度来看,我国城镇居民的住房需求已经从单纯关注"建筑"本身、获得基本"生活"配套服务,发展到了对产品与服务追求更多维感知、更精致体验的阶段,基于对美好生活的向往,居民对有形的产品和无形的服务都有了更高的要求。以人为本的观念广泛普及,人们对品质的极致追求以及对数字智能的无限期待,都助推了高端生活价值体系的形成——居住要更有技术,要更懂生活。

第一节 绿色生态,助力健康人居生活

基于推动构建人类命运共同体和实现可持续发展的战略目标,我国提出了"力争2030年前实现碳达峰,2060年前实现碳中和"的重大战略决策。在

这样的背景下,"碳达峰""碳中和"目标必将推动整个经济社会进入"碳经济"时代,新技术、新模式和新应用的投入使用,将给企业发展和居民生活带来新的机遇与挑战。

与此同时,各地政府也在加快推进住房建设领域高质量绿色发展,促进建筑行业转型升级。河北省、黑龙江省、河南省、重庆市及青岛市相继出台支持超低能耗建筑发展的专项规划、实施方案及指导意见等纲要性文件,进一步明确超低能耗建筑发展目标、任务与路径,对超低能耗建筑项目给予资金补贴、外墙保温不计入容积率核算等多种政策激励,提出通过优化产业布局、支持科技创新、完善标准体系等手段加强超低能耗建筑产业培育,为未来稳步推进超低能耗建筑规模化发展和创新发展奠定良好的基础。

表5-1 各地推进低能耗建筑行业转型发展相关政策

政策	具体内容
河北省被动式超低能耗建筑产业发展专项规划(2020—2025年)	打造全产业链体系、优化产业发展布局、推进产业技术创新、完善产业标准体系、促进产业深度融合五大任务,加强组织推动、强化政策支持、保障要素供给三大措施,保障被动式超低能耗建筑产业高质量发展
河北省保定市加快推进绿色建筑发展实施方案	发展超低能耗建筑项目建设,鼓励建设超低能耗建筑全覆盖住宅小区
重庆市2020年绿色建筑与建筑节能工作要点	鼓励主城区范围内新建民用建筑执行更高节能标准,积极培育条件适宜的超低能耗和近零能耗示范项目
河南省印发支持建筑业转型发展的十条意见	提出对装配式低能耗、超低能耗建筑增加外墙保温部分,不计入容积率核算的建筑面积
青岛市发布申报2020年度青岛市绿色建筑和装配式建筑奖励奖金的通知	对二星级以上绿色建筑项目、超低能耗建筑项目、首批装配式建筑产业基地进行奖励

资料来源:中指研究院综合整理。

未来,房地产企业想要实现可持续健康发展和高质量的发展,低碳绿色建筑将成为一个大的转型方向。第一,要牢固树立低碳绿色发展的理念;第二,广泛应用绿色低碳建筑的新技术、新材料,减少二氧化碳的排放水平；第三，积极利用开发绿色建筑的新技术方法，特别是绿色能源方面的开发。

随着我国房地产行业的逐步发展与成熟，建筑工业化已经成为未来的发展趋势，作为建筑工业化的重要组成部分，装配式建筑得到了众多房企的关注。相比于传统的粗放型建筑模式，装配式建筑具有高效、环保、品质高的显著特征，能够直接提升建造速度、减少成本、缩短工期，并有效地减少工地上的噪声和粉尘、减少建筑垃圾，工业化的建造过程也使得构件的质量更高、更可控。目前看来，我国的建筑工业化正在发展阶段，尚未发展成熟，装配式建筑的普及正在推进过程之中，随着社会经济水平的发展，房地产行业面临着人工成本上涨、环保标准提高等情况，借鉴美国、日本、新加坡以及欧洲发达国家的经验，建筑工业化是行业发展的必然趋势、装配式建筑是解决问题的有效模式。

我们相信，未来运用新材料和新技术的绿色住宅必将成为品质住宅的发展方向，先进的新风系统、采光系统、地热系统、水循环系统等都将成为品质住宅的标配，越来越多的自然资源将得到充分利用。同时，健康生活和可持续发展也是品质住宅开发商社会责任和发展理念的集中体现。

绿色是房地产产品差异化发展的主题。一直以来，房地产业是国内耗能最大的产业，中国是全球每年新建建筑量最多的国家，消耗了全球40%的水泥和钢材。同时，中国建筑垃圾的数量已占到全球城市垃圾总量的30%~40%，而中国建筑平均寿命却仅有30年，造成大量资源浪费和环境污染。近些年随着消费者健康意识的提升，大众逐渐认识到健康住宅的重要性。进入到"十四五"时期，我国生态文明建设进入了以降碳为重点战略方向、推动减污降碳协同增效、促进经济社会发展全面绿色转型、实现生态环境质量改善由量变到质变的关键时刻。

房地产企业顺应时代发展要求，依托绿色建筑打造技术的深化和绿色金融的扶持，走上了一条绿色品牌高质量发展之路。一方面，践行ESG理念，打造具有绿色品牌特色的产品和服务；另一方面，不断践行企业社会责任。

图5-1 绿色品牌发展策略

深化践行ESG理念，完善ESG治理框架。① 房企系统化建立ESG治理架构，借助数字化手段落实绿色建筑规划。② ESG信息披露应更具针对性，尤其应突出绿色环保绩效。③ 与金融机构积极沟通，推动绿色金融创新工具广泛应用。④ 推动项目参与绿色认证，吸引投资者青睐。绿色建筑认证作为一种投资"标签"，是投资者在做出决策时十分看重的指标。⑤ 稳步推动房企绿色升级。绿色建筑在建造技术、建筑材料和绿色认证上存在一定升级成本，将拉动房企建造成本上升，绿色建筑项目融资也应稳步推进。

打造稳健、可持续的品牌形象，增强企业品牌信赖。房地产企业通过企业安全稳健和可持续形象的宣传，品牌焕新，打造绿色品牌形象。一方面，通过安全、稳健、可持续的绿色品牌打造，彰显企业的可信赖的品牌形象；另一方面，通过绿色品牌形象拓展企业的资源链接，以更具价值的品牌协同力增强品牌认同和延伸价值。

升级绿色、健康、科技智慧的产品，提升核心竞争优势。房地产企业应升级绿色产品打造体系，从产品特色、产品流程和产品技术等方面赋能绿色产品打造全周期、全方位发展。一方面，通过产品技术体系升级、研发平台升级、技术标准升级、营销生态升级形成产品打造闭环机制；另一方面，房地产企业通过企业文化和品牌特色的融合，打造具备企业特色的绿色品牌产品，形成鲜明的品牌特性和IP。

提升健康、舒适、科技感的绿色服务场景，增强客户体验。房地产企业通过优质服务闭环的打造，更能深刻地增强客户体验，让客户从企业服务活动获得满足感和归属感。一方面，通过社区服务升级，打造贴心、舒适、健康、安全的服务体系，增强客户的信赖。另一方面，通过客户反馈机制强化服务效能，降本增效，提升绿色住区和对商业场景的"生活+"体验。

房地产企业作为城市的建设者，在满足人们美好生活向往的同时，作为企业公民也积极承担社会责任。房地产企业积极参与精准扶贫、乡村振兴和公益基金，投身于公益事业之中。房地产企业积极响应脱贫攻坚号召，在脱贫攻坚的路上，通过选派优秀管理人员及专业人员作为志愿者，支持贫困地区建设。志愿者常年驻扎在现场，负责规划、建设及管理协调等工作，发展新型农村集体经济，致力于把欠发达地区建设成具有农业发展活力、鲜明地方和民族特色的社会主义新村镇。

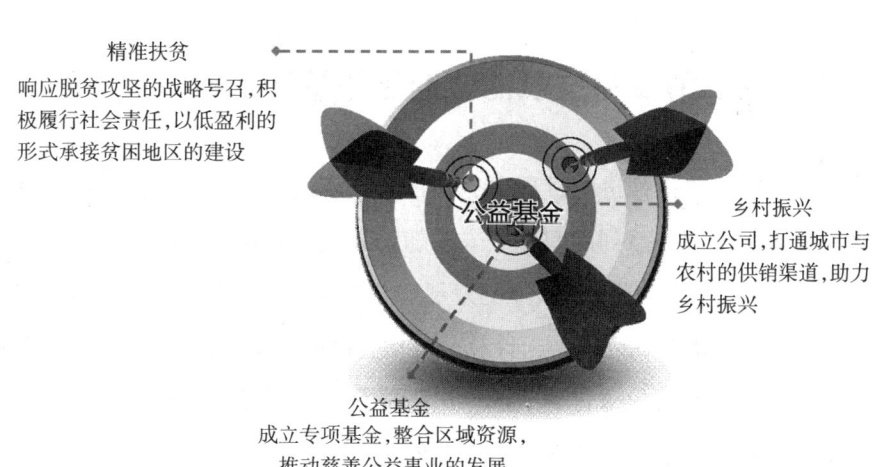

图5-2　承担社会责任的形式

房地产企业积极参与助力乡村振兴。脱贫摘帽不是终点，而是新生活、新目标的起点，从参与脱贫攻坚到助力乡村振兴，房地产企业一直在路上。在参与乡村振兴过程中，房地产企业通过为上下游企业搭建商业桥梁，让全国最偏远地区的农民能参与进来，将好产品通过集散地快速运到城镇。同时，企业与农民一起进行科学合理的谋划，走现代化农业发展之路，提升农民生产力，增加农民收入，共同为农村注入新的活力与生机。碧桂园成立农业公司，用先进的无人化装备发展农业，提升农业生产效率、粮食产量和品质；成立碧优选公司，组织农民开发种养殖基地，搭建城乡商业桥梁，把丰富、安全、好吃、实惠的产品从田间地头直接带到城市、社区的每一个家庭。

房地产企业推动慈善公益事业的发展。房地产企业通过组建教育扶贫基金、产业投资基金和专项捐款等，搭建公益平台。"授人以鱼不如授人以渔"，企业通过宣传和引导，让更多人参与其中，集中和整合社会资源，发挥更大的社会作用。在多年公益经验积累的基础上，房地产企业不断完善公益品牌建设，推出系列标准化和非标准化公益项目，以自身努力，凝聚更大的社会力量，让人们的生活更加幸福。

第二节　科技赋能，迎接智慧社区新时代

我国城镇化快速推进的过程中，在带动经济增长的同时，也会产生资源紧张、交通拥堵等一系列的问题。未来随着我国传统城镇化向新型城镇化的不断转型，"绿色、智能、低碳"的发展道路也被不断提上日程，智慧城市也成为新的趋势。借助物联网、云计算、移动互联网等新一代信息技术的创新，将智能信息化与城市化融合到一起，以智能科技实现城市更好地运营。而智慧城市的不断推进也离不开房地产企业的参与，房地产是智慧城市得以运行发展的载体。智能房地产是未来房企发展的方向之一，通过住宅宜居和舒适体验感的增加，大幅提升人们的改善性需求，从而推动房地产市场需求的平稳发展。

疫情之下，住房消费升级按下了快进键，人们对健康住宅的需求快速升级，对物业的认识产生颠覆性的改变，未来品质服务范围将持续拓宽边界。

此外，在信息化浪潮中，人们的生活方式也发生了巨大变化，人们对科技依赖程度加深，利用信息化加强社区的建设和管理、完善社区功能、加快建设智慧社区成为重要趋势，可以说，信息化发展将使"住有所居"变为"住有优居"。

从需求层面来看，根据2020年开展的全国城市居民居住满意度普查结果显示，"80后""90后"正成为购房的中坚力量，占比分别为42%、25%。互联网时代成长起来的新生代人群拥有独特的生活消费特征，消费观念更加超前，对品牌与潮流事物更加青睐，对科技、游戏、视频、网购等前沿生活更加热衷。他们普遍对于住宅的生态宜居度、舒适度、智能化程度、便捷度有着更高的要求，从而推动住宅产品在居住环境、配套物业、服务质量等方面加大研发力度。

从政策层面来看，政策鼓励高科技在房地产行业研发应用。政府大力推动科技与城市、社区管理融合发展，强化智慧城市、智慧社区建设。2020年3月，中国通服智慧城市产业联盟发布《理想智慧社区白皮书》，推动大数据、互联网、物联网、5G、人工智能、数字孪生、区块链等"新型基础设施建设"，指导基层智慧社区建设。

在这个人手一部智能手机的时代，科技已经走进并影响着每个人的生活，人们更青睐便捷、舒适、充满乐趣的生活方式，科技住宅或是家居智能化必将成为品质住宅的重要发展方向。当然，科技住宅并不是各种智能化设备的堆叠，而是以人的需求为导向的生活方式，就像比尔·盖茨的"未来屋"所展示的生活场景那样，所有的设备都能通过互联网进行遥控，比如调节房间的光亮、室内温度、水温等，同时借助先进的声控及指纹技术，进门不再用钥匙，留言不再用纸笔。"未来屋"还为访客提供了一个内置微芯片的胸针，通过它可以自动设定客人的偏好，如温度、灯光、音乐、电视节目等。也许，在大众住房领域普及智能家居的基础尚不具备，但在品质住宅这个细分市场，智能家居的应用显然已经迈入实践阶段，望京金茂府的12大科技系统，可以与欧洲顶尖住宅科技系统比肩，成为当之无愧的科技豪宅。未来，当年轻的互联网一代成为品质住宅的主要客户时，他们对智能化产品具有更高的依赖度，科技住宅也将得到加速发展。

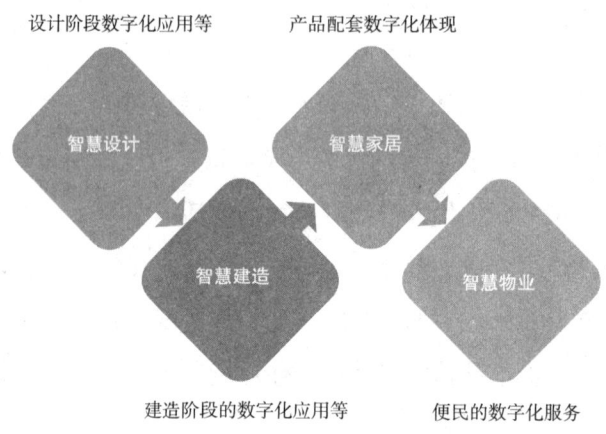

图5-3 房地产全流程链条中科技介入的环节

数字化是科技内核的关键因素和显现指标，技术是实现居住品质和优质人文的基本条件。而想要打造适应新时代居住需要的技术条件和配套设计，打造高品质的住宅和社区服务，就需要借助科技手段赋能设计、建造、家居和物业等阶段。智慧设计阶段让产品定位更加清晰，更能充分满足客户的多样化需求；智慧建设阶段的高效性，奠定了打造品质住宅的基础；智慧家居和智慧物业让客户从早到晚、从内到外感受到住房和社区的体贴感，从硬件和软件方面全方位提供便捷性的居住体验。

可以说，数字化技术增强了房地产这样高度复杂产业增效和创新的可能性，随着技术的发展，数字化对房企的赋能能力也在不断加强，也使居住和生活更加有品质。

第三节 突破限制，缔造美好中国梦

社区是城市治理的基本单元，也是城市品质发展水平的标志，更是人民美好生活需求的重要载体。未来的社区应该是什么样的？或许是一个居民可以随手买到新鲜蔬菜的菜场，一个在周末时光为居民提供闲适时光的图书馆、健身房，一个居民可以随呼随到的超级管家……这些便捷的生活服务编织了居民在这个社区里的归属感。对于居民而言，未来的社区不应该只是高品质的房子，更重要的是要有一个有实力、有责任能维护好我们房子和生活的守护者，让居民在社区里有归属感、舒适感和未来感。物业服务企业作为社区服务的重要参与者，在未来的社区建设中扮演着举足轻重的作用，其围绕未来的社区场景能够提供的服务种类和内容也将更加多元化。

1. 坚持"房住不炒"定位，实现全体人民住有所居

2021年3月，"十四五"规划纲要出炉，《纲要》提出加快建立多主体供给、多渠道保障、租购并举的住房制度，让全体人民住有所居、职住平衡。在租赁市场上，加快培育和发展住房租赁市场，有效盘活存量住房资源，有力、有序扩大城市租赁住房供给，完善长租房政策，逐步使租购住房在享受公共服务上具有同等权利。有效增加保障性住房供给，完善住房保障基础性制度和支持政策。以人口流入多、房价高的城市为重点，扩大保障性租赁住房供给，着力解决困难群体和新市民住房问题。对于探索租赁住房建设，《纲要》给出了"单列租赁住房用地计划，探索利用集体建设用地和企事业单位自有闲置土地建设租赁住房，支持将非住宅房屋改建为保障性租赁住房"。

保障性租赁住房概念提出，2021年7月，国务院办公厅印发《关于加快发展保障性租赁住房的意见》。"意见"聚焦70平方米以内保障性租赁住房的供应，通过土地支持、资金支持等多项制度的改革和创新，旨在解决人口净流入城市年轻人的居住问题。保障性住房过去多由政府主导供应，本次"意见"则鼓励市场多渠道供应。可见，聚焦"年轻人住得起"这个核心目标，制度安排的中间环节是保证建设、运营方能够获取

合理利润，有足够动力提供可持续供应和服务，逐步培育发展成熟的住房租赁市场。同日，国家发改委印发《关于进一步做好基础设施领域不动产投资信托基金（REITs）试点工作的通知》。"通知"明确，将保障性租赁住房纳入基础设施REITs试点项目，从资金端为加快发展保障性租赁住房提供助力。

表 5-2　　1994年以来发布的纲领性保障性住房政策

时间及文件	主要内容	主要特点
1994年国务院关于深化城镇住房制度改革的决定	把住房实物福利分配的方式改变为以按劳分配为主的货币工资分配方式	标志福利分房转向住房货币化，首次提出经济适用房保障房体系
	建立以中低收入家庭为对象、具有社会保障性质的经济适用住房供应体系和以高收入家庭为对象的商品房供应体系	
1998年国务院关于进一步深化城镇住房制度改革加快住房建设的通知	停止住房实物分配，逐步实行住房分配货币化。建立和完善以经济适用住房为主的多层次城镇住房供应体系；发展住房金融，培育和规范住房交易市场	标志住房商品化正式开始，确立了以经济适用住房为主的多层次城镇住房供应体系
	对不同收入家庭实行不同的住房供应政策：最低收入家庭租赁由政府或单位提供的廉租住房，中低收入家庭购买经济适用住房，其他收入高的家庭购买、租赁市场价商品住房	
	调整住房投资结构，重点发展经济适用住房，出售价格实行政府指导价，按保本微利原则确定	
	廉租住房可以从腾退的旧公有住房中调剂解决，也可以由政府或单位出资兴建。廉租住房的租金实行政府定价	
	全面推行和不断完善住房公积金制度	
2003年国务院关于促进房地产市场持续健康发展的通知	完善住房供应政策，调整住房供应结构，加强经济适用住房的建设和管理，建立和完善廉租住房制度	商品房成为市场的供应主体，导致随后几年保障房建设缺位
	增加普通商品住房供应，控制土地价格，努力使住房价格与大多数居民家庭的住房支付能力相适应	

续表

时间及文件	主要内容	主要特点
2007年国务院关于解决城市低收入家庭住房困难的若干意见	进一步建立健全城市廉租住房制度：逐步扩大廉租住房制度的保障范围，健全廉租住房保障方式，多渠道增加廉租住房	建立健全以廉租住房制度为重点、多渠道解决城市低收入家庭住房困难的政策体系的开始，房地产政策重点开始向保障房转移
	改进和规范经济适用住房制度	
	城市新审批、新开工的住房建设，套型建筑面积90平方米以下住房面积所占比重，必须达到开发建设总面积的70%以上；廉租住房、经济适用住房和中低价位、中小套型普通商品住房建设用地的年度供应量不得低于居住用地供应总量的70%	
2010年国务院关于坚决遏制部分城市房价过快上涨的通知	要切实履行稳定房价和住房保障职责，建立考核问责机制	提出要采取坚决的措施，遏制房价过快上涨，增加住房有效供给，加快保障性安居工程建设
	增加住房有效供给：探索"综合评标""一次竞价""双向竞价"等出让方式，抑制居住用地出让价格非理性上涨；保障性住房、棚户区改造和中小套型普通商品住房用地不低于住房建设用地供应总量的70%，并优先保证供应	
	加快保障性安居工程建设	
2015年财政部等关于运用政府和社会资本合作模式推进公共租赁住房投资建设和运营管理的通知	政府和社会资本合作模式是政府与社会资本在公共服务领域建立的一种长期合作关系，通过这种合作和管理过程，更有效率地为社会提供公共服务。运用这种模式推进公共租赁住房投资建设和运营管理，有利于转变政府职能，提升保障性住房资源配置效率	通过运用政府和社会资本合作模式，发挥各自优势，把政府的政策意图、住房保障目标和社会资本的运营效率结合起来
2016年国务院办公厅关于加快培育和发展住房租赁市场的若干意见	培育市场供应主体，充分发挥市场作用，调动企业积极性，提高住房租赁企业规模化、集约化、专业化水平	鼓励发展住房租赁企业，鼓励房地产开发企业开展住房租赁业务，不断完善住房租赁相关制度，加强住房租赁监管
	鼓励住房租赁消费，各地要制定支持住房租赁消费的优惠政策措施，引导城镇居民通过租房解决居住问题	
	支持租赁住房建设，将新建租赁住房纳入住房发展规划，允许将商业用房等按规定改建为租赁住房	
	加大政策支持力度，给予税收优惠，提供金融支持	
	加强住房租赁监管	

续表

时间及文件	主要内容	主要特点
2021年国民经济和社会发展第十四个五年规划和2035年远景目标纲要	加快培育和发展住房租赁市场，有效盘活存量住房资源，完善长租房政策，逐步使租购住房在享受公共服务上具有同等权利 有效增加保障性住房供给，完善住房保障基础性制度和支持政策。以人口流入多、房价高的城市为重点，扩大保障性租赁住房供给 单列租赁房用地计划，探索利用集体建设用地和企事业单位自有闲置土地建设租赁房，支持将非住宅房屋改建为保障性租赁住房	建立多主体供给、多渠道保障、租购并举的住房制度，实现租购同权，探索利用集体建设用地建设租赁住房等
2021年国家发展改革委关于进一步做好基础设施领域不动产投资信托基金试点工作的通知	推动基础设施REITs健康发展，有效盘活存量资产，形成存量资产和新增投资的良性循环。开展基础设施REITs试点，推动形成市场主导的投资内生增长机制，提升资本市场服务实体经济的质效，构建投资领域新发展格局	通过制度创新，引入社会资本参与保障性租赁住房项目，形成市场主导的投资内生增长机制

资料来源：中指研究院综合整理。

保障性住房是一个随着时间推移而不断变化的概念，目前包括商品房市场中以低于市场价格出售给特定购房者的经济适用房和限价房，针对城市低收入家庭的廉租房和公租房以及老厂矿和林区垦区的棚户区改造房。按目前情况来看，保障房与商品房并非完全分开的，而是存在重叠部分，经济适用房、共有产权房和限价房就是带有保障功能的商品房。

根据我国房地产市场及经济社会的发展状况，经济适用房、廉租房、限价房、公租房和共有产权房依次成为我国保障房建设的重点，保障房体系在逐步完善。由于保障群体、保障方式不同，使得保障房保障范围进一步扩大，更加适应社会发展特点。另外，不同类型的保障房开发模式、盈利模式不同，能较好地平衡企业参与热情和住房保障进度不足的矛盾。经济适用房和限价房只售不租，而廉租房和公租房只租不售。限价房利润率相对较高，房地产企业参与热情也较高。共有产权房通过政府持有房屋产权，降低购房者买房压力，同时，以正常价格销售，防止开发主体过度压缩成本，降低房屋质量，解决了以往保障房质量偏低的痛点。近两年，公租房成为保障房建设新的着力点，进一步健全了我国保障房体系。

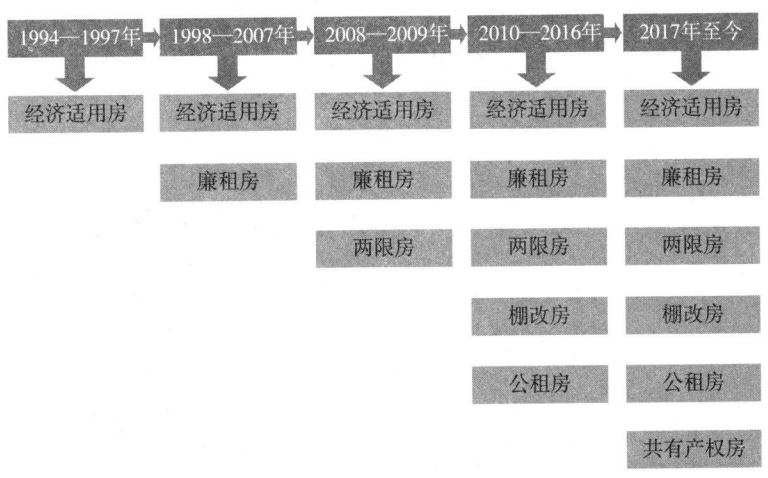

图 5-4 我国保障房体系发展路径
资料来源：中指研究院综合整理。

当前，我国住房保障制度正在加快完善，政府通过建立多主体供给、多渠道保障、租购并举的住房制度，形成多个主体共同建设保障房的合力，同时，推动租赁住房类REITs的发展，积极引导社会长期资金参与，持续推动保障性住房的发展。未来，伴随着一系列制度持续发力，我国保障性住房供应体系将更加完善，实现全体人民住有所居的目标。

2.政策指引勾勒未来居住社区蓝图

2014年，住建部印发《智慧社区建设指南（试行）》，首次对智慧社区的评价指标原则、总体框架及支撑平台进行了系统性阐述，之后，社区O2O、低碳社区、社区微更新、缤纷社区、15分钟社区生活圈等概念相继被提出，并被相关政府部门提到重要的战略高度。这些政策的出台不断指引未来居住社区的构建方向，也为物业服务企业带来新的发展机遇。

表 5-3　　政府层面发布部分社区建设政策

时间	发布机构	政策	具体情况
2014年5月	住建部	《智慧社区建设指南（试行）》	首次对智慧社区的评价指标原则、总体框架及支撑平台进行了系统性阐述
2015年2月	发改委	《低碳社区试点建设指南》	指导和推进低碳社区试点建设工作
2016年2月	国务院	《关于进一步加强城市规划建设管理工作的若干意见》	指出"坚持共享发展理念，使人民群众在共建共享中有更多获得感"，共享社区的概念获得了政策支持
2016年8月	上海市规土局	《上海市15分钟社区生活圈规划导则》	启动"行走上海——社区空间微更新计划"，对老旧社区更新强调低影响和微治理，以渐进式姿态提升社区功能；提出15分钟步行可达范围内，配备生活所需的基本服务功能与公共活动空间
2016年11月	民政部、中组部、中央综治办等十余个部门	《城乡社区服务体系建设规划（2016—2020年）》	提出建设"设施智能、服务便捷、管理精细、生态宜居"的智慧社区
2017年6月	国务院	《关于加强和完善城乡社区治理的意见》	要求增强社区信息化应用能力，提高城乡社区信息基础设施和技术装备水平
2019年3月	浙江省政府	《浙江省未来社区建设试点工作方案》	首次提出未来社区的概念：打造未来邻里场景、教育场景、健康场景、创业场景、建筑场景、交通场景、低碳场景、服务场景与治理场景
2021年5月	商务部、住建部等12部门	《关于推进城市一刻钟便民生活圈建设的意见》	提出以社区居民为服务对象，服务半径为步行15分钟左右的范围内，以满足居民日常生活基本消费和品质消费等为目标，以多业态集聚形成的社区商圈。建设一批布局合理、业态齐全、功能完善、智慧便捷、规范有序、服务优质、商居和谐的便民生活圈

资料来源：中指研究院综合整理。

2019年浙江省政府印发《浙江省未来社区建设试点工作方案》，首提"未来社区"的概念，提出构建"终身学习"的未来教育场景、"全民康养"的未来健康场景、"大众创新"的未来创业场景、"循环无废"的未来低碳场景、"艺术与风貌交融"的未来建筑场景、"优质生活零距离"的未来服务场景和"政府导治、居民自治、平台数治"的治理场景，以九大场景打造新型城市功能单元，促进人的全面发展和社会进步。

城市升级、产业升级、消费升级、服务升级体现出物业管理行业发展的长期趋势。政府关注"一老一小"民生短板、政策性鼓励社区养老产业与学前教育产业、老旧小区改造、配套设施完善与15分钟美好生活圈营造、"未来社区"概念等的提出，构成未来城市治理与居住领域重大政府投资主题，且正在驱动不同类型参与者进入，也促使各地政府依托优质物业服务企业对小区进行升级，从顶层设计拉动了物业管理行业的市场和想象力。

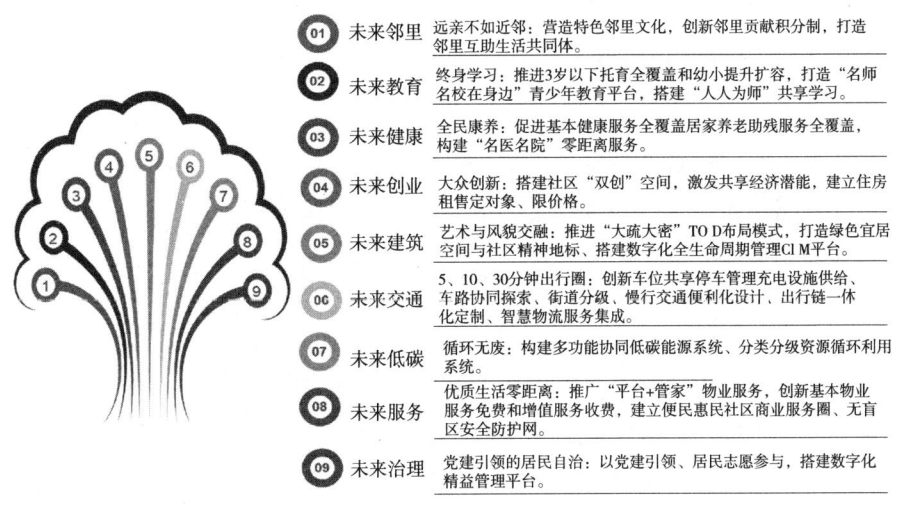

图5-5 "未来社区"内涵

社区作为城市的细胞，被赋予越来越多的意义，以智慧驱动居民社区生活成为发展趋势，是智慧城市的重要组成部分。而服务柔性、科技硬核正是当前物业服务的最好写照，在智能科技与物业跨界合作的风口下，更多物业服务企业借助移动互联化、信息化、数据化及智能化契机，加深业务相互融合,提升服务水准。

过去的很长一段时间,除了部分头部企业外,多数物业服务企业在智慧社区平台的搭建方面均或多或少面临着一些问题,如前期投入大、维护难,导致很多企业难以在技术和资金方面持续进行投入,以至于陷入科技转型难的困境。

但很显然,物业数字化、智能化已是大势所趋,未来,物业服务企业在智能化建设的道路上也将会越来越坚定,且更加理性。物业服务企业与科技智能手段的融入将更加深入,更加广泛。

① 构建以算法为支撑的服务体系,破局效率瓶颈:物业服务企业通过拆解和分析基础服务和增值服务业务人员的操作流程,研发、建立强大的中后台系统,构建以算法为支撑的服务体系,提高服务效率与管理效率。以科技驱动算法,以算法构建生态,以生态提高效率,以效率推动满意度,最终实现数字生活新服务下的生产要素重新组织。

② 精准描绘客户画像,强化社区智能化的底层数据。精准的客户画像也是开展社区生活服务的前提基础。只有空间数据、没有客户画像的底层数据,是不足以支撑智能社区的发展的。物业服务企业要通过建立底层考核机制,从任务达成型考核逐渐转为以客户满意度和任务达成并重的考核。而客户满意的前提就是客户触达,因此企业要以客户触达实现对客户画像的精准描绘。

部分优秀的物业服务企业已经并在持续地发力智慧社区建设,将线上硬核数字化能力与线下用户满意度相结合,打造基于云端的 AI 智能平台和 AI 算法训练平台,创建 "AI+服务" 社区。以 AI 之力建立以智慧家庭为中心的多层次生态圈,构建智慧社区生态新格局。

物业服务企业借助科技力量,围绕生活服务展开智能化场景建设,包括为业主提供全场景智能化服务,如人脸识别同行、语音报修;包括 AI 替代人工远程实时监察、AI 辅助人工全自动化服务;还包括物联网平台接入、大数据驱动的运营和管理模型等多元化场景应用。

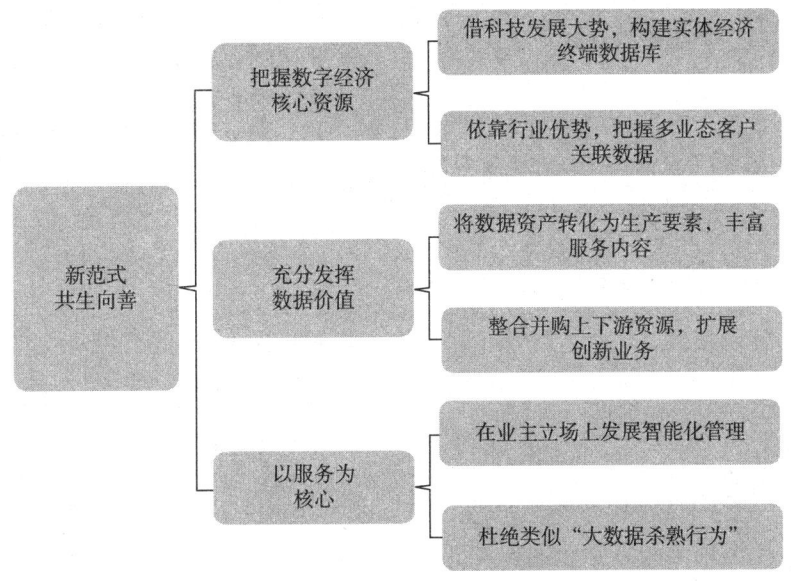

图5-6 物业服务企业发挥数据价值

物业服务企业具备获取客户数据的天然优势，住宅类业主To C用户加上非住宅类涉及的To B用户可以形成庞大的数据网络。盘活社区大数据，可以实现数据互联的规模效应。充分发挥数据资源价值，加强深层服务并提升用户黏性，将形成头部企业的核心竞争力。

3.贴身、贴心的增值服务盈满社区

业主和物业服务企业是市场经济条件下社会服务的买方与卖方关系，这种买卖关系是一种契约关系。在信任危机的当今社会，契约总是伴随着争议。物业服务企业通过将冷冰冰的合同契约与温情脉脉的职业道德结合起来，建立起和谐互信的物业服务关系。从契约到信任，从信任到信赖，是未来物业服务企业开展一切服务的根基，也是物业服务企业客户关系战略不懈追求的目标。

随着社会和经济的进步，业主对于美好生活的需求在不断丰富。物业服务企业将依托自身的社区服务经验，基于业主的信任，在深入了解业主需求的基础上，打造业主真正想要的社区生态，满足业主对于美好生活的多元化需求。

物业服务企业开展增值服务具有先天优势。第一，多数百强企业有强大的开发商母公司背景，可以获取充足的非业主增值服务项目（目前物业服务企业的非业主增值服务对象主要还是开发商母公司，市场化程度较低）；第二，部分增值服务所需专业程度（资质）、资金等门槛较高，百强企业具备较充分的开展条件，例如社区增值服务中的房屋经纪业务、社区金融服务等都有相关资质和人才要求；第三，社区团购、社区空间运营等社区增值服务需要依赖较大的业主基数、较广的渠道才能产生较多的需求，业主数量多、管理项目较多的百强物业服务企业开展社区增值服务更容易达到理想的效果。此外，规模较大的百强企业能发挥规模效应，可以通过标准化流程控制服务质量，通过较高的项目密度摊薄成本，通过品牌优势获取增值服务溢价。

物业服务企业以业主需求为核心，依托强大的线下服务体系，聚集多方资源打造社区生活场景全周期服务平台，可以让业主在社区范围内享受生活团购、家政服务、健身娱乐、车辆服务、社区养老、教育培训等全场景生活服务。以线上团购服务为例，物业企业可以整合优质商业资源，实现线上电商平台购物服务，精挑细选优质粮油副食、特惠加点、有机食品、进口零食、新鲜水果、日常用品等优质商品，从原地直达社区客户，为业主提供专享品质产品。

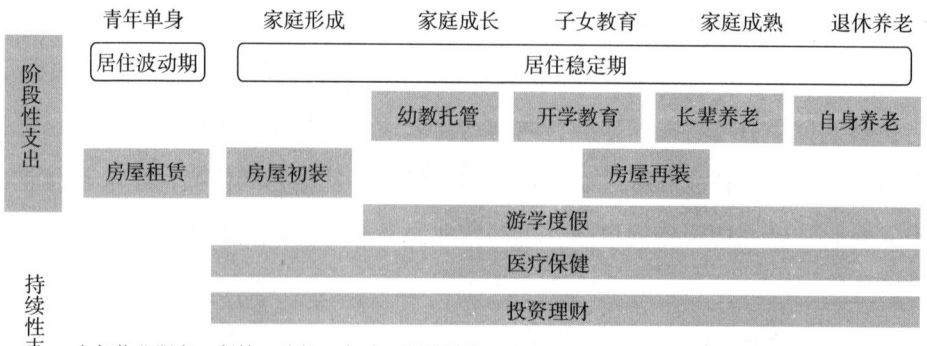

图5-7 物业服务企业向业主输出覆盖全生命周期的增值服务

政策方面，国家对社区养老、生活服务等方面的支持达到空前力度。2020年11月出台的《关于推动物业服务企业发展居家社区养老服务的意见》，提出"物业服务+养老服务"居家社区养老模式。《国民经济和社会发展第十四个五年规划和2035年远景目标纲要》中明确提出"完善社区居家养老服务网络""推动专业机构服务向社区延伸，整合利用存量资源发展社区嵌入式养老"。2020年12月，住建部等部委发布的《关于推动物业服务企业加快发展线上线下生活服务的意见》指出："拓宽物业服务领域。鼓励物业服务企业依托智慧物业管理服务平台，发挥熟悉居民、服务半径短、响应速度快等优势，在做好物业基础服务的同时，为家政服务、电子商务、居家养老、快递代收等生活服务提供便利。"

未来，对于物业服务企业而言，在满足业主需求，让其满意的基础上，创造业主新的需求，让其惊喜更加重要。作为物业服务产品的供给者，物业服务企业不应当停止在满足客户需求这样一个被动服务的层面上，还应当提供能解决客户痛点、改善客户体验的全新优质服务，主动引导和创造客户需求。

社区在不断焕新，物业管理行业也随之蜕变。物业服务企业通过服务内容和服务手段的变革，使服务内容和服务业态多元化，将科技注入服务，创新商业模式，承载物业新价值，促进行业跨越发展。行业的发展，直接对政府、物业服务企业及业主产生利好，三方将实现共赢。

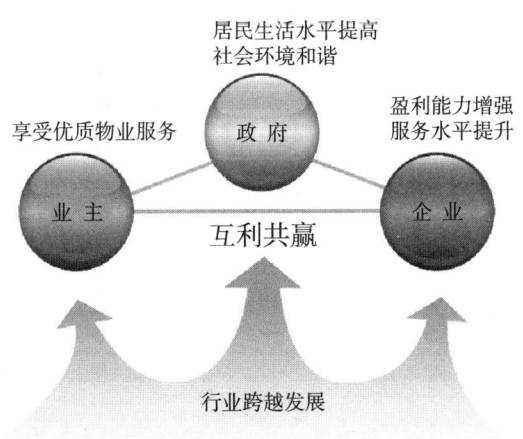

图5-8 物业行业跨越发展的多方共赢

对业主而言，行业跨越发展意味着行业竞争将更加充分，淘汰落后的、服务质量欠佳的物业服务企业，使业主能够以合理的价格享受到更加优质的服务。对企业而言，行业跨越式发展可以优化企业物业服务，提高物业服务效率，降低物业服务成本。同时也会倒逼一些经营不善的企业，通过转型升级赢得较高的客户满意度，提升行业管理效率和整体服务水平，使企业盈利能力和创新动力得到进一步增强，最终实现企业综合能力的提升。

物业服务作为城市居民生产、生活的基本要素，其服务质量直接关系到居民的日常生活。对政府而言，行业的跨越发展一方面有利于物业服务企业服务水平的提高，能够促进社会稳定及和谐社区建设，提升资源与需求的匹配度，实现资源利用效率的最大化；另一方面，行业发展也能规范企业运营行为，缓解政府监管压力。

中国物业管理行业肩负着共创城市美好生活的历史使命，需要重塑社会和公众对行业的认同，实现双向激励、正向循环。未来，对物业服务企业而言，要通过持续完善标准、扩展服务内容、更新管理手段、推进技术升级、创新品牌、赋能系统管理、提升从业人员素质等方式，实现行业转型升级、高质量发展的目标，为居民美好生活筑梦。